AF260384

CONFERENCE DES MONNOYES DE FRANCE,

A CELLES D'ESPAGNE ET ANGLETERRE:

Et combien le marc d'or fin & d'argent le Roy ont valu depuis 438. ans en France, & de quel dommage est le surhaussement de leur prix au Royaume.

Et la reduction de 24. sortes de poids de plusieurs Royaumes, Principautez, Republiques, & Seigneuries differens à celuy de Paris.

Presenté à Monseigneur le Garde des Sceaux, par NICOLAS DE COQVEREL, Parisien, Conseiller du Roy, & General en sa Cour des Monnoyes.

La faulce balance est en abomination au Seigneur; mais le poids iuste luy plaist. PROU. II.

M. DC. XIX.

A
MONSEIGNEVR
LE GARDE DES SCEAVX.

ONSEIGNEVR,

Le reſſouuenir de voſtre humanité & Iuſtice enuers moy, lors que les billonneurs vous rapporterent en l'an 1603. que ie n'eſtois entré en Prouence que pour troubler le commerce, au preiudice de ce qui auoit eſté reſolu en aſſemblée de ville à Aix ; qu'il eſtoit impoſſible faire battre monnoye de haulte loy, mais ſeulement des douzains.

Bien que ie feuſſe ſeul dans le pays, & le premier des Generaux des Monnoyes qui auoit recognu la tranſgreſſion, me fiant à voſtre accouſtu-

mée Justice, me presentay à vous, preuenant d'vn
peu les billonneurs : & apres auoir esté entendu
la fabriquation des douzains estre interdicte,
eustes pour agreable leuer toutes sortes de troubles que les billonneurs se proposoient me faire,
& dans trois iours fis battre forte monnoye, non-
obstant l'impossibilité proposée, & adiuge la monnoye d'Aix, pour y faire battre par chacun an,
pendant quatre ans, six mil marcs d'argent de
haulte loy, sans y faire douzains.

Et se presentant à present vn grand desordre
pour le cours, donne à la pistole pour cinq sols
neuf deniers plus que sa valeur, & que les monnoyes d'or, argent, & billon de France ne sont
payées les vnes par les autres, qui cause le surhaussement & le transport dont la France reçoit
notable perte, auquel mal se pouuant remedier,
ay osé prendre la hardiesse de vous presenter ce
traitté de la Conference des polices des monnoyes
de France, Angleterre & Espagne, celles-cy bonnes, celles d'Angleterre parfaictes, & l'autre mal
reglée: Pour si iugez ce labeur digne de voir le
iour, le vouloir permettre pour l'vtilité qu'il ap-
portera, ne se pouuant les monnoyes de France,
qui y sont proposées, estre à iamais surhaussées

les vnes par les autres, falcifiées, ny rognées, fai-
sant frapper les monnoyes au moulin incorrupti-
ble, auec peu plus de deſpenſe que ce qui ſe payoit
en l'an 1553. Et ſi le conducteur des moulins du
Roy refuſe de le faire, il s'en trouuera qui le feront, dont la France vous aura perpetuelle obligation, & ne meriterez moins de loüange que
Marius Gratidianus Preteur, en la faueur duquel furent dreſſez par les ruës de Rome ſtatuës
d'argent en recognoiſſance du bien que toute Rome receuoit par la reformation des monnoyes:
vous ſuppliant humblement,

MONSEIGNEVR,

Auoir pour agreable ce petit preſent de la main
de celuy qui eſt à iamais,

DE VOSTRE GRANDEVR,

Le tres-humble & obeïſſant ſeruiteur,

NICOLAS DE COQVEREL.

SVR L'ADVIS DE MONSIEVR
DE COQVEREL.

S I quelqu'vn passe sans enuie
Pardessus cest aduis, son œil
Dira-il pas que de sa vie
Il n'apperceut rien de pareil?

Démons qui regissez la France
De conseils qui viennent d'enhault,
Sus confessez vostre impuissance,
De ne voir point tout ce qu'il faut.

Ne cherchez plus à force d'armes
De resister aux estrangers:
Arriere ces vaines alarmes,
L'on le peut bien sans ces dangers.

Faites selon que vous conseille
Ce sainct aduis: & vous verrez
Que celuy qui tousiours vous veille
Ne pourra ce que vous pourrez.

P. D. M.

CONFERENCE

DES MONNOYES DE FRANCE

A CELLES D'ESPAGNE ET ANGLE-
TERRE, & combien le marc d'or fin &
d'argent le Roy ont valu depuis 438. ans
en France, & de quel dommage eſt le ſurhauſſement de leur prix au Royaume.

*Et la reduction de 24. ſortes de poids de plu-
ſieurs Royaumes, Principautez, Republiques,
& Seigneuries differens à celuy de Paris.*

LE deſordre des Monnoyes eſt tel
en France, qu'il ne ſe peut exercer
par preſt aucun acte de charité que
auec perte, ſinon que le preſt ſoit vſuraire :
& qui auoit emprunté en Aouſt 1602. cent
eſcus d'or, dont il auroit fait obligation, &
rend ce qu'il doibt au mois de Septembre
ſuiuant, eſt quitte de 92. eſcus & 20. ſols : tellement que le creançier reçoit perte de 6.

gros 2.deniers 3.grains d'or,ou de 23.liures:si le debiteur a differé de payer iusques en l'an 1614. il est quitte en rendant 80. escus d'or, dont le creancier reçoit dommage du cinquiesme: ce qui n'arriueroit si les monnoyes d'or & d'argent de France estoient solides, & de bonté égales les vnes aux autres,ainsi qu'elles l'estoient anciennement:& le subjet de tel ordre ne prouient d'ailleurs que du mespris des premiers reglements des monnoyes plus saints,& les premieres monnoyes meilleures,plus fortes,&mieux proportionnées en loy & taille du marc,que celles qui ont esté introduittes és années 1575. & suiuantes,comme il s'est recognu par l'ordonnance de l'an 1614.par laquelle l'on a augmté le prix de l'escu de 10.sols,outre l'augmentation de 5. sols, faite par l'ordonnance de 1602. & deuoit l'augmentation(neantmoins plus moderée) auoir esté faite dés l'introductió des pieces de 20.& 15.sols és années 1575. &1577.où estoit à propos laisser en l'an 1602. le prix du marc d'argent à 19.liures,à cause de la bonté de l'escu,& vilité des douzains, doubles,sols Parisis, & moindre valeur des

pieces

pieces de 20.& 15.sols, & leurs diminutions.

En l'an 1602. que l'on croyoit auoir bien pourueu au desordre, par le surhauffement qui estoit aux monnoyes , augmentant le prix du marc d'or de 18. liures 10. sols, & le marc d'argét de 25.sols 4.deniers : si l'on eust bien consideré ce remede & le dommage qu'il a apporté au general & particulier du Royaume, l'on l'eust rejetté specialement sur le prix du marc & espece d'argent, & modere le surhauffement du marc d'or à 15.liures 9.sols 11.deniers : & pour mieux faire, diminuë le prix ancié du marc d'or, & marc d'argent, d'autant que la medecine & remede furent & sont pires que le mal, n'ayant esté telle augmentation qu'à l'aduantage des estrangers, & autant de diminution des richesses du Royaume: & fut & est chose honteuse au calme de la paix en douze ans auoir hauffé le prix du marc d'or de 56.liu.6.f.6.d. lequel deuoit pluftoft estre diminué d'autát, comme aussi le prix du marc d'argent ; le dommage desquels surhauffements se recognoiftra en la representatió du prix du marc d'or & d'argent, depuis l'an 1181. & suiuantes, iusques en l'année presente.   B

Prix du marc d'or fin, des regnes, & depuis.

44 l.	PHIL. II.	1181
34 l.	LOVIS VIII.	1224
44 l.	LOVIS IX.	1265
36 l.		1270
44 l.	PH. LE BEL.	1296
Id.		1300

44 l. 49 l. 10 ſ.		1310
57 l. 10 ſ. 57 l. 12 ſ. 54 l. 15 ſ.		1311
52 l. 10 ſ. 53 l. 54 l. 10 ſ. 57 l. 10 ſ.		1312
52 l. 12 ſ. 58 l.		
53 l. 58 l.		1313
Id.	LOVIS X.	1315
53 l. 56 l. 57 l. 58 l.	PH. V.	1319
54 l. 57 l. 58.	CHAR. IV.	1324
75 l.		1326
48 l. 12 ſ.		1330
40 l.		1331
50 l.		1336
52 l.		1337
58 l. 59 l. 10 ſ.		1338
66 l. 69 l. 71 l.		1339
86 l. 95 l. 100 l. 108 l. 115 l.		1340

Et le prix du marc d'argent le Roy.

————————————————————————

—————————————————————————2 l. 13 f. 4 d.

—————————————————————————2 l. 15 f.

—————————————————————————3 l. 6 f.

—————————————————————————2 l. 15 f.

————————————————————— 3 l. 1 f. 3 l. 8 f. 3 l. 10 f.

————————————————————4 l. 5 f. 4 l. 8 f. 5 l. 4 f. 6 l. 9 f.

————————————————————6 l. 14 f. 6 l. 15 f. 7 l. 5 f. 7 l. 10 f.

————————————————————2 l. 9 f. 3 l. 7 f. 6 d. 3 l. 15 f.

————————————————————3 l. 3 l. 5 f. 3 l. 7 f. 6 d. 3 l. 10 f.

—————————————————————————3 l. 10 f.

————————————————————————

—————————————————————————2 l. 14 f.

—————————————————————————Id.

—————————————————————————3 l. 7 f. 6 d.

—————————————————————————4 l.

———————————————————— 5 l. 5 l. 8 f. 5 l. 11 f. 4 l. 10 f.

—————————————————————————2 l. 17 f. 6 d.

—————————————————————————Id.

—————————————————————————3 l. 12 f. 6 d.

———————————————————— 3 l. 17 f. 6 d. 3 l. 16 f. 4 l.

———————————————————— 4 l. 16 f. 5 d. 4 l. 4 f. 4 l. 12 f.

———————————————————— 5 l. 5 f. 5 l. 10 f. 8 l. 4 f. 10 l. 12 f.

—————————————————————————10 l. 12 f.

Prix du marc d'or fin, des regnes, & depuis.

130 l. 136 l. ——————————————	1341
168 l. 171 l. 117 l. ——————————	1342
43 l. 6 f. 8 d. —————————————	1343
43 l. 3 f. 4 d. ——————————————	1344
50 l. 72 l. —————————————————	1346
75 l. 51 l. 10 f. ————————————	1347
51 l. 51 l. 15 f. —————————————	1348
52 l. 1 f. 6 d. ——————————————	1349
53 l. 53 l. 18 f. 9 d. 54 l. 7 f. 6 d. I E H. I.	1350
54 l. 17 f. 6 d. 96 l. 56 l. 5 f. 58 l. —	1351
12 f. 6 d. 60 l. —————————————	
60 l. 18 f. 9 d. 61 l. 17 f. 6 d. ———	1352
62 l. 16 f. 3 d. —————————————	1353
64 l. ————————————————————	1354
61 l. 5 f. 62 l. 10 f. 63 l. 7 f. 6 d. ——	1355

Regence du Duc de Normandie.

78 l. 15 f. 85 l. 12 f. 6 d. —————	1358

Et le prix du marc d'argent le Roy.

——————————— 10 l. 10 l. 10 ſ. 11 l.

——————————— 10 l. 10 ſ. 13 l. 13 l. 10 ſ.

——————————— 9 l. 12 ſ.

——————————— 3 l. 4 ſ. 3 l. 17 ſ.

——————————— 3 l. 10 ſ. 6 d. 4 l. 10 ſ. 5 l. 6 l. 15 ſ.

——————————— 7 l. 10 ſ. 4 l. 16 ſ.

——————————— 5 l. 5 l. 5 ſ. 6 l. 6 ſ. 6 l.

——————————— 6 l. 8 ſ. 7 l. 7 ſ. 7 l. 19 ſ.

——————————— 5 l. 4 l. 16 ſ. 5 l. 5 ſ. 5 l. 12 ſ. 6 d. 6 l. 8 ſ.

——————————— 4 l. 12 ſ.

——————————— 6 l. 8 ſ. 7 l. 10 ſ. 8 l. 10 ſ. 4 l. 18 ſ.

——————————— 5 l. 14 ſ. 6 l. 2 ſ. 5 l. 12 ſ. 6 l. 10 ſ.

——————————— 12 l. 11 l. 15 ſ. 12 l. 15 ſ. 4 l. 15 ſ.

——————————— 5 l. 7 ſ. 5 l. 17 ſ. 6 l. 5 ſ.

——————————— 9 l. 6 l. 4 ſ. 10 l. 12 ſ. 12 l. 4 l. 4 ſ.

——————————— 4 l. 16 ſ. 5 l. 6 ſ.

——————————— 6 l. 10 ſ. 7 l. 10 ſ. 10 l. 11 l. 12 l. 10 ſ.

——————————— 14 l. 16 ſ. 18 l. 5 l. 5 ſ.

——————————— 7 l. 10 ſ. 9 l. 12 l. 16 l. 4 ſ. 22 l. 3 ſ.

——————————— 29 l. 8 ſ. 10 l. 15 l. 18 l. 8 ſ. 9 d. 11 l.

——————————— 7 l. 13 l. 10 ſ. 15 l. 17 l. 18 l. 10 ſ.

——————————— 6 l. 10 ſ. 7 l. 8 l. 9 l. 4 l. 18 ſ. 5 l. 8 ſ.

Prix du marc d'or fin, des regnes, & depuis.

81 l. 5 f.		1359
60 l.		1360
61 l.		1363
62 l.	CHAR. V.	1364
62 l. 10 f.		1365
63 l. 18 f.		1368
63 l. 10 f.		1371
66 l.	CHAR. VI.	1384
Id.		1386
67 l.		1387
Id.		1391
67 l. 10 f.		1392
68 l. 5 f.		1394
70 l.		1411
70 l. 1 5 f.		1413
72 l.		1415
92 l.		1417

Regence de Monseigneur le Dauphin.   1418

Dés & depuis ceste annee y eust des de-
fordres extraordinaires aux monnoyes du
Royaume, pour la diuerfité de ceux qui

Et le prix du marc d'argent le Roy.

————————————24 l. 12 ſ. 6 d. 34 l. 9 ſ. 6 d. 42 l.
————————— 53 l. 17 ſ. 6 d. 72 l. 16 ſ. 102 l. 7 l.
——————————————————————— 5 l.
——————————————————————— Id.
——————————————————————— 5 l. 5 ſ.
——————————————————————— Id.
——————————————————————— Id.
——————————————————————— 5 l. 16 ſ.
——————————————————————— Id.
——————————————————————— Id.
————————————————— 6 l. 6 l. 5 ſ. 6 l. 15 ſ.
————————————————— 6 l. 15 ſ. 7 l.
——————————————————— 7 l. 7 l. 2 ſ.
——————————————————— 7 l. 2 ſ.
——————————————————————— Id.
——————————————————————— Id.
——————————————————————— 8 l. 9 ſ.
--P. 9 l. 9 l. 15 ſ. 10 l. B. 9 l. 10 ſ. 11 l. 16 l. 10 ſ

commandoient, les vns à Paris, les autres à
Bourges : pourquoy nous auons trouué à
propos de repreſenter par la lettre P. proche

chacun millefime, que le prix du marc d'or
& d'argent eftoit felon les reglements de

144 l. 17 l. 13 f.————————————1419
                                        1420
76 l. 5 f.————————————————1421
B 320 l. P 76 l. 5 f.——————————1422

En cefte annee y euft de merueilleux changements au cours des monnoyes, & le marc d'argent le Roy en œuure s'expofa pour trois cents foixante liures, qui eftoit quarante liures plus que le prix du marc

Paris

Paris par la lettre B, le prix donné à ses deux
metaux à Bourges.

B 11 l. 10 ſ. 12 l. 13 ſ. 14 l. 15 l. 16 l. 10 ſ. 18 l. 20 l. 22 l. P 16 l.
B 27 l. 30 l. 32 l.
B 35 l. 38 l. 42 l. 50 l. P 28 l. 6 l. 3 ſ.
B 70 l. 90 l.

d'or; pourquoy l'eſcu d'or euſt cours pour
quarante liures de la monnoye du temps,
l'alteration de laquelle cauſa le ſurhauſſement du marc d'or, iuſques à deux mil huict
cents quarante-ſept liures.

C

CY COMMENCE LA

B 90 l. **P** 70 l. 5 ſ.	CHAR. VII.	1422
P 77 l. 10 ſ. 78 l.		1423
P 78 l.		1427
78 l.		1428
Id.		1429
Id.		1431
86 l. 5 ſ.		1435
Id.		1436
86 l. 7 ſ. 6 d.		1438
88 l. 2 ſ. 6 d.		1445
97 l. 15 ſ.		1446
99 l.		1447
100 l.		1455
118 l. 15 ſ.	LOVIS XI.	1475
Id.	CHAR. VIII.	1488
147 l.	LOVIS XII.	1507
Id.	FRANÇ. I.	1519
165 l. 7 ſ. 6 d.		1540
Id.		1543
185 l.	HENRY II.	1549
Id.	CHAR. IX.	1561
199 l. 16 ſ.		1571

FORTE MONNOYE.

7 l. 10 f.
7 l. 6 l. 15 f.
8 l. 8 l. 10 f. 9 l. 10 l.
11 l. 13 l. 10 f. 15 l.
20 l. 7 l.
8 l. 10 f. 7 l. 5 f.
9 l. 7 l.
7 l.
7 l. 8 f.
Id.
7 l. 15 f.
8 l. 10 f.
8 l. 15 f.
8 l. 15 f.
12 l. 10 f.
11 l.
12 l. 10 f.
14 l.
14 l. 10 f.
15 l.
15 l. 15 f.
Id.

Valeur du marc d'or. Valeur du marc d'arg.
214l.12f.——HENRY III.——1574————Id.
222l.————————————1577————19l.
240l.10f.——HENRY IV.——1602-20l.5f.4d.
278l.6f.6f.-LOVIS XIII.——1614————Id.
Id.——————————-1619Id.

La diuersité du prix du marc d'or & d'argent en ses années tesmoigne le soing continuel qu'auroient eu les Roys & leur Conseil à la conseruation des richesses du Royaume, qui consistent en fruicts annuels, qui ne se peuuent espuiser par les estrangers, que par dol, fraude, ou par supposition de monnoye estrangere qui se baille en payement au lieu de celle du Royaume.

Au temps le plus furieux des guerres estrãgeres, pour la discontinuation du commerce, l'inuention d'alterer & d'augmenter le prix de la monnoye d'argent, fut mis en vsage, mais rarement l'or ; & la guerre cessée, l'on retournoit à la diminution du prix excessif du marc d'argent, & à renforcer les monnoyes par bannissement du billon & refonte d'icelui, & les obligations passées pendant tels desordres se reduisoient à la forte monnoye: & ainſi en ont vſé Meſſieurs des Parlements de Prouence & Dauphiné, apres la fin des troubles de l'an 1588.pour le deſordre qu'auoit apporté en ſes Prouinces l'alteration des doubles ſols Pariſis, & en ceſte annee l'eſcu ſol & quatre quarts d'eſcus s'expoſoient en Prouence pour douze liures.

Et eſt choſe inouye en la ſaiſon d'vne paix aſſuree, que toute ſorte de commerce, tant par mer que par terre, eſtoit libre, & du regne de HENRY LE GRAND en l'an 1602. & du Roy ſon fils en l'an 1614. l'on aye vſé de ce remede pour reformer les deſordres des monnoyes, dont l'effect n'a eſté & n'eſt que tres-pernicieux, & le dommage receu & à receuoir trop grand à l'aduâtage des Roys & peuples qui tirent les bleds, fruicts & toilles du Royaume, ainſi qu'il ſe recognoiſtra prenant l'vne des annees precedantes la mieux reglee, & la conferant à ce ſiecle ſur le prix que pouuoit valoir vn muid de bled, payé en monnoye d'Eſpagne, ou autres monnoyes qui auoient cours, & les conferant à ce que les eſtrangers expoſent à preſent leurs matieres & monnoyes d'or &

d’argent, par ſi extraordinaire augmentation de prix: Et d’autant que du regne du
Roy François I. il n’y auoit que les Empereurs, Roys & grandes Republiques qui fiſ-
ſent battre bonne monnoye & bien reglée,
nous choiſirons l’annee des plus parfaits reglements des viures & des monnoyes.

En l’an 1540. le marc valoit par l’ordonnance —————————————— 165 l. 7 ſ. 6 d.

Le marc d’argent le Roy 14 liures, partant
l’argent fin de 12 d. valoit 14 l. 12 ſ. 2 d. $\frac{2}{13}$ de
denier.

Qui éſtoit 11 marcs $\frac{41}{1449}$ de marc d’argent
fin, pour vn marc d’or fin, ou 11 marcs $\frac{21}{172}$ de
marc d’argét le Roy pour vn marc d’or fin.
Et ſi ſa Majeſté & tous les ordres & Officiers
du Royaume conſideroient ceſt iniuſte remede, ils recognoiſtroient en leurs gages &
reuenus de combien ils ſont appauuris par
des nombres imaginaires de liures que l’on
leur a laiſſez au lieu de ſubſtances d’or & argent par ſubrogation de cuiure: Ce qui ſe
pourra mieux cognoiſtre en la repreſenta-
tion de l’achapt & prix du fruict le plus có-
mun, & dont la France eſt plus fertile, & le

distribuë aux nations estrangeres, & à tous ses voisins.

Si le muid de bled se vendoit és annees 1540. & 45. soixante liures, & le marchand Espagnol payoit en realles de quatre, il laissoit dans le Royaume 80. realles de 15 s. piece, qui estoit le prix que l'on donnoit lors à la realle de quatre: s'il payoit en ducats, qui y auoit cours pour 46 s. 9 d. il laissoit 25 ducats 2 realles de 15 s. & 1 s. 3 d.

En l'an 1545. que fut donné cours au pistolet d'Espagne pour 41 s. 6. & à l'escu sol pour 45 s. le marchád Espagnol payoit pour vn muid de bled de pareil prix 29 pistolets, moins 3 s. 6 d.

Pareillemét si l'Anglois enleuoit vn muid de bled de pareil prix, il le payoit en angelots de poids qui valoient 67 s. 6 d. & laissoit 17 angelots & demy, & 18 s. 9 d.

Et le Flamand pour pareille quantité de bled, laissoit 17 imperialles, moins 7 s. & valoit l'imperialle 71 s.

Par ceste ordonnance est à remarquer la prudéce des anciens François, lesquels donnoient cours à l'escu sol pour 3 s. 6 d. plus

qu'au piſtolet, & n'eſtoit lors payé par les
François aucune traicte où façon des monnoyes d'Eſpagne, ainſi que l'on a fait par le
dernier Edict de l'an 1614. & contre toute
bonne-police.

En ce temps les François deuoient eſtre
plus affectionnez au bien de leur patrie &
enrichiſſement du Royaume, & amour de
leur Roy, qu'ils ne ſe ſont monſtrez au dernier reglement des monnoyes, par lequel a
eſté donné cours à la piſtole pour 7 l. 4 ſ. le
fin de laquelle à raiſon de l'augmentation
du prix du marc d'or ne vaut que 6 l. 18 ſ. 2 d.
$\frac{36}{77}$ de denier, qui eſt 5 ſ. 9 d. $\frac{17}{77}$ de d. plus que
ſa matiere, & s'expoſant la piſtole du poids
de 5 d. 4 grains, comme elle fait, ſans aucune
difficulté, la piſtole ne vaut que 6 l. 16 ſ. 6 d.
$\frac{14}{77}$ de d. qui eſt de perte ſur chacune piſtole
7 ſ. 5 d. $\frac{11}{77}$ de d. & à proportion la moitié ſur
chacun piſtolet.

Pour entendre ceſte demonſtration, & la
rapporter à ce ſiecle, & à l'annee en laquelle
a eſté faite ceſte augmentation, bien que le
bled ait eſté plus cher dedans les villes que
de 5 l. le ſeptier, neantmoins ne valoit d'a-

uantage és chasteaux & maisons des Gentils-
hommes, & eust valu moins, sans les trans-
sports continuels qui se sont faits contre les
loix du Royaume és nations estrangeres: &
à raison du cours donné au pistolet par le
dernier Edict, l'Espagnol ne paye & laisse
que 16 pistolets, & 2 tiers de pistolet; partant
le reuenu du Gentilhomme ou bourgeois
est diminué de plus de 12 pistolets sur chacun muid de bled, qui est tiré hors le Royaume, dont le profit demeure au Roy d'Espagne, & à ses subjects : qui auoit sept cents liures de gages de rente ou reuenu, estoit payé
de 337 escus pistolets, & trois realles simples,
moins six deniers, & en escus au Soleil 311.
escus 5 s. & en testons (qui estoit la seule espece d'argent de France) 350 quatnes: & à present n'en receuant que 125 quatnes & demie,
& 2 s. 4 d. ou 194 escus pistolets ⅓ de pistolet,
ou 186 escus & 2 tiers d'escu, se recognoist
notoirement comment depuis 78 ans, les
François ont donné & donnent prodigale-
ment leur bien à l'aduantage des estrangers,
& contre ceste vieille & ancienne loy, qu'il
est loisible d'extorquier l'or & l'argent des

Barbares, loy qui s'eſt practiquée depuis 122.
ans en toutes les Indes Orientales & Occi-
dentales, & ſe practique encores à preſent en
ces pays plus que iamais.

Le mauuais ordre qui eſt aux monnoyes
de France n'eſt pas moins aduantageux aux
eſtrangers que d'vn milion d'or par chacun
an : & nul ne peut ignorer que depuis l'an
1602. celuy qui auoit 1500 l. de rente ou gages dót il receuoit 500 eſcus par an, & à preſent n'en receuant que 400 eſcus, ne reco-
gnoiſſe qu'il eſt moins riche d'vn cinquieſme de ſon reuenu par ces deſreglements.

Le Gentilhomme qui voyage, ou qui a ſes
enfants hors le Royaume, & le marchand
qui negocie hors iceluy ; l'Eccleſiaſtique
qui a affaire en Cour de Rome, peuuent rendre teſmoignage de la perte qu'ils reçoiuent
pour les grands fraiz de change qu'ils payét
pour raiſon de tel ſurhauſſement, n'ayant
les Princes eſtrangers vſé de ce remede, pour
regler les deſordres qui ſuruiennent en leurs
monnoyes, au contraire chaſtient exemplairement les couratiers, proxenettes & billonneurs, inſtruments de tels larrecins, banniſ-

sant aussi tost les monnoyes des Princes leurs
voisins, ainsi que les republiques de Gennes
Lucques feirent au mois de Decembre 1616.
ayants tres-estroictement descrié & deffen-
du le cours des escus simples, doubles & qua-
druples pistolets, lors fabriquez au Duché
de Mantoüe, où le Duc est representé en
l'vn des reuers de ses monnoyes en habit de
Cardinal, & en l'autre deux Anges à ge-
noux, tenant vn tabernacle, pour estre ces
nouueaux escus de moindre loy & plus foibles que ceux que les Ducs ses predecesseurs
faisoient fabriquer : & pareille ordonnáce a
fait publier le Roy d'Espagne à Naples sur
les desordres de ces monnoyes le 21. Mars
1617. & nouuellement à Millan le 8. Feurier
1618. en consideration de la nouuelle espece
de monnoye d'argent fabriquée par le Duc
de Sauoye de moindre loy & taille que celle
qu'il faisoit fabriquer és annees 1616. & 1617.
punissant de trois ans de gallere les billonneurs & porteurs d'especes estrangeres en ses
Estats, laquelle nouuelle espece de monnoye d'argent, approchant par sa forme à la
piece de 10 s. & 8 d. de France, commence à

auoir cours dans le Royaume, & à preſent les Legats du Pape en font fabriquer en Aui-gnon & Carpentras de plus foibles en poids & de moindre loy.

Ce moyen d'augmenter le prix du marc & eſpece d'or & d'argent a eſté trop aduanta-geux aux Roys, Princes, & Seigneurs, deſ-quels les terres ſont ſterilles, leſquels pour peu d'or & d'argent enleuent les bons ali-mens des Princes leurs voiſins, & eſtoit à propos rejecter ce remede.

Pour preuenir les cauſes de tels deſordres, il eſt tres-vtil d'empeſcher l'expoſition des monnoyes eſtrangeres d'or, argent, billon, cuiure, & reprimer & retrancher la liberté de pluſieurs ſeigneurs, ſuiuant la Cour du Roy, leſquels ſoubs pretexte de quelque pe-tite principauté que les Roys leur ont don-né, ou le moyen de les achepter par leur libe-ralité, où ils font batre monnoyes foibles en poix & loy des matieres qu'ils tirent du Royaume, pour les rejetter en France, apres auoir tranſubſtancié l'or & l'argent de Fran-ce en cuiure.

Aucuns deſquels ont fait fabriquer des pi-

ſtolets,dans leſquels y a vn quart de cuiure :
& en l'vne de ces principautez ſe frappe mónoye de la forme du quart d'eſcu,ou piece
de 16 ſ. qui ne vaut 6 ſ. piece,dans leſquels y
a plus de moitié de cuiure : & en ceſte meſme principauté,& en trois autres dans l'eſtéduë du Royaume ſe fabriquent douzains,
dans leſquels y a 5 ſixieſmes de cuiures,deſ-
quels 7 l.10 ſ. ne valent l'eſcu ſol,ſ'expoſant
continuellement comme ceux du Roy.

L'introduction de ces deux eſpeces cau-
ſeront le refus des bons quarts d'eſcus,& de
ce qui reſte des bons douzains, ſ'il n'y eſt
pourueu : ainſi que l'introduction des doubles ſols Pariſis,appelez pignatelles,contre-
faites ſoubs la forme des pieces de ſix blancs,
fabriquees du regne de Henry II. & III. &
de Charles IX. ont fait refuſer & porter au
billon les bonnes, n'ayant le peuple aſſez
d'experience pour diſcerner par la lecture
de la legende & milezienne la bonne monnoye de la fauſſe & ſuppoſee.

Nouuellement en l'vne de ces principautez,nonobſtant les deffences de la Cour du
4.Iuillet 1616. l'on fait continuer vne fabri-

quation de liards, defquels 7 l. ne valent l'efcu d'or, laquelle fabriquation de liards, fi elle
eft continuee, il faudra retomber au mal du
furhauffement de la monnoye d'or & d'argent, n'eftant raifonnable de donner les fortes & precieufes monnoyes, pour de mau-
uaifes & de cuiure : & pour combler la France de pauureté, fans aucun aduantage au
Roy & au public, fe continuë la fabriquatió
de doubles & deniers de cuiure, dont 9 l. 15
f. ne payent la bonté de l'efcu d'or : & fi les
Maires & Efcheuins de la ville de Lyon di-
fent verité, comme il eft à croire, qu'ils font
11 l. 5 f. de doubles & deniers de cuiure ne
payent la bonté de l'efcu d'or, & y a difpari-
té trop grande au change des efpeces d'argent en doubles & deniers de cuiure.

Cefte verité pourra eftre odieufe aux en-
trepreneurs des doubles & deniers de cuiure, mais le remuage du tallant me porte à
cefte verité, bien qu'elle engendre haine :
mais il eft ennuyeux de voir ainfi rapiner fa
patrie fouz faux pretexte, & fouuét de charité: & pourra eftre que le temps fufcitera per-
fonne à qui la conferuation des biens de la

France sera agreable, & causera apres tant
de desordres aux monnoyes quelque meilleur & parfait reiglement.

L'estranger qui commerce dans la France, en ayant receu, recherche la forte monnoye d'or & d'argent du Royaume par augmentation de son prix, pour continuer son
negoce; & pour se garder de perte, augmé-
te le prix de sa marchandise, & 7 l. en liards
faits à Treuol ne payent la bonté de l'escu, &
les Receueurs Collecteurs des tailles, aydes
& gabelles n'en reçoiuent du peuple : le plus
pauure porte la perte, les Hospitaux, fabri-
ques, Marguilleries, rectoreries des Parroif-
ses, & tous les Mandiens, en receuront le
dommage.

Pour entendre d'où procede l'alteration
& moindre valeur des nouuelles monnoyes,
il est bon de sçauoir quels estoient les premiers reglements des monnoyes, & commét
elles ont esté desreglees depuis la nouuelle
taille, alleage & introduction des doubles,
sols Parisis & douzains, dans lesquels il y a
aux vns les deux tiers, aux autres les trois
quarts de cuiure, & la deffectuosité de la pie-

ce de 20 & 15 ſ. & leurs diminutions dés leur introduction, & quelles eſtoient les anciennes loix & ordonnances du Royaume en la fabriquation des monnoyes, & quelle eſtoit la traitte, braſſage, & droict de ſeigneuriage.

Que l'on faſſe monnoye d'or à 23 karats, & rendra-on au marchand d'vn marc d'or fin, vn marc d'or ouuré, & monnoyé à ladite loy de 23 karats.

Que l'on faſſe monnoye d'argent à 11 d. 12 grains, & rendra-on au marchand d'vn marc d'argent de 12 d. de fin, vn marc d'argent ouuré, & monnoyé de loy à 11 d. 12 gr.

En ce temps la monnoye d'or eſtoit de pareille loy & bonté que les eſcus, & eſtoient payez d'argent en pareil degré de bonté à 11 d. 12 gr. en proportion douzieſme, & valoit le change d'argent autant que l'eſpece d'or: & qui euſt introduit le ſurhauſſement, & baillé de l'eſpece d'or plus d'argent en ſon change, que le prix porté par les ordonnances, euſt perdu & baillé matiere plus precieuſe que celle qu'il receuoit; & lors l'or & l'argent en œuure & hors d'œuure valoient en leur fin autant vne piece que l'autre, ſoit d'or

ou

ou d'argent : & en ceſt ordre giſt toute ſorte
de parfaiɔt reglement des monnoyes, moyennant que la porte ſoit continuellement
fermee à la monnoye eſtrangere, & au reſta-
bliſſement de la monnoye de billon, eſtant
la liaiſon du cuiure, la corruption & la ruine
des precieux metaux d'or & argent, & le dé-
reglement des bonnes & fortes monnoyes,
& qui leur fait perdre ſes beaux noms &
qualitez d'eſtre le prix de tout ce qui eſt en
la terre, & leur valeur amoindrit, d'autant
qu'ils ſont alterez, & ſont appelez par meſpris billon.

Par ceſte loy n'y auoit monnoye d'argent
de differéd tiltre, mais vn ſeul la traitte, braſſage, & droiɔt de ſeigneuriage des marcs
d'or & d'argent en œuure, eſtoit la vingt-
quatrieſme partie du fin ſur chacun marc
d'or & d'argent ouuré & monnoyé, & lors
valoit autant le change de l'eſcu ou piece
d'or, que la choſe eſchangee : ce qui ne s'eſt
peu dire depuis 1575. & eſt la principale raiſon du ſurhauſſement de la forte monnoye
du Royaume, pour la moindre valeur des
quarts d'eſcus, pieces de 20 ſ. doubles & ſim-

ples, fols Parifis & douzains, introduits en l'an 1575. & depuis continuee, qui payent la monnoye d'or & d'argent.

Les Roys d'Efpagne & Angleterre, qui communiquét dans le Royaume, n'en vfent ainfi, & n'y a difference entre le prix ou valeur du fin de l'efpece d'or au change des monnoyes d'argent d'Efpagne & Angleterre.

Depuis les premiers reglements des monnoyes d'Efpagne, & introduction des reales & piftolets, n'y a eu changement au tiltre, taille & braffage des monnoyes : & pour quelque pretexte d'amitié, alliance, ou paix qu'ayent les Roys d'Efpagne auec tous les Princes de la terre, ne permet leurs monnoyes auoir cours en fes Royaumes : & en toutes fes loix anciennes & nouuelles, il reïtere les mefmes deffences, qu'il fait eftroictement obferuer ; il promet bien à l'exemple de fes predeceffeurs (comme par vne table d'attête) d'y pouruoir apres qu'il en aura deliberé en fon Confeil ; mais ne permet en eftre deliberé, & ne l'ordonne.

Les matieres dont font composées les

monnoyes, font l'or, argent & cuiure, & les
meilleurs Roys ont efté ceux qui ont fait
frapper leurs monnoyes de fes matieres les
plus pures: & autant qu'il y a de diuerfes
monnoyes, autant il y a de differends tiltres,
alleages & taille, par la conference defquels,
les vnes auec les autres, comme de France à
celles d'Efpagne & Angleterre, fe recognoiftra fi l'or paye l'argent, ou fi l'argent paye
l'or : fi les efpeces d'or & d'argent d'Efpagne, & autres Royaumes, font égales de pareil poids & de pareille valeur, quelle traitte,
braffage, ou droict de feigneuriage, le Roy
d'Efpagne leue ou prend fur fes monnoyes,
comme auffi le Roy d'Angleterre, & la Republique de Venife. S'il eft moindre ou plus
grand, ou égal au feigneuriage que le Roy
leue fur les fiennes, ou s'il approche à celuy
qui fe leuoit entierement en France plus
grand ou moindre: & fi l'ordre que fes Roys
& Republiques tiennent en leurs polices des
monnoyes, empefche le furhauffement de la
monnoye d'or par l'argẽt, & de la monnoye
d'argent par la monnoye d'or, n'ayant les
Roys d'Efpagne, Angleterre & Republique

par ſi belle & ſi parfaicte police, aucun inte-
reſt en tous leurs Royaumes, au tranſport de
leurs monnoyes, & moins le Roy d'Eſpagne
en ſa monnoye d'or : apres en auoir leué la
traitte, auſſi en permet-il le tranſport en toute liberté, moyennant que l'on luy porte des
aliments pour la nourriture de ſes peuples,
& iamais pour marchandiſe de luxe.

Son ordre eſt tel, que ſans aucune violen-
ce il rend contribuables toutes nations aux
fraiz, dépens & profits qu'il tire ſur ſes monnoyes d'or, dont la France en paye plus que
les autres, par le meſpris du tranſport de ſes
biens, & les plus precieux que la terre produict, pour la deſordonnee faim de l'or &
argent, deſquels les hommes ne ſçauroient
viure vne ſeule iournee : & pour ce que deſ-
ſus bien entendre, ne ſera hors de propos repreſenter le poids du marc & partition d'i-
celuy, ſelon l'vſage de France & d'Eſpagne,
& des nations qui negocient en France, Fla-
mands, Anglois, Allemands, Italiens, meſme
la diuerſité qui ſe trouue en pluſieurs villes
de France entre leurs poids.

Tous les peuples des Prouinces, Princi-

pautez, & Repúbliques de l'Europe, vſent
de pareils mots, liure, marc, once, octaue,
dragme, denier, ſcrupulle, treizeau, dizeau,
tomin, felin, eſtelin, maille, as, & grain, karat
d'or, & denier d'argent fin, les vns & les autres neantmoins grandement differends, &
celuy d'Eſpagne ſemble en apparence eſtre
égal au poids de France, comme pluſieurs
autres, excepté ceux de Geneue, Baſle, Berne, Francfort, & Neuremberg, qui ſont plus
forts que celuy de France, & celuy de Geneue plus fort que tous les autres.

Sept onces 2 d. 21 g. $\frac{3}{17}$ de grain, poids de
Geneue poiſe la demie liure au poids du
marc de Paris, Beſançon, & Straſbourg.

Baſle, Berne, Francfort, & Neuremberg
ont leurs poids égaux, & 7 onces 20 d. 23 g.
$\frac{11}{21}$ de grain de ſes Prouinces poiſent le marc
de Paris, Straſbourg & Beſançon.

Paris, Straſbourg & Beſançon ont leurs
poids égaux, & 7 onc. 17 d. 14 g. $\frac{1}{7}$ de gr. de
ſes Prouinces poiſe le marc, ou demie liure,
poids du Vicomté de Roüen.

Sept onces 22 d. 12 g. $\frac{28}{101}$ de gr. poids de
Paris poiſe le poids du marc ou demie liure

de Bourg en Bresse.

Sept onces 2 d. 16 g. poids du marc de Paris, Besançon & Strasbourg poise le marc ou demie liure de Rome.

Six onces 19 d. 12 g. $\frac{12}{19}$ de grain, poids, ou demie liure de Paris poise la demie liure de Lyon.

Sept onces 3 d. 9 g. $\frac{11}{101}$ de grain, poids du marc ou demie liure de Paris poise la demie liure de Montpellier & Auignon.

Six onces 16 d. 3 g. bien peu moins, poids du marc de Paris poise la demie liure de Tholoze,

Cinq onces 5 d. 16 g. $\frac{10}{111}$ de grains poids du marc de Paris poise la demie liure de Piedmont, Milan, & Gennes.

Six onces 12 d. 2 g. $\frac{1}{11}$ de gr. poids du marc de Paris poise la demie liure de Marseille & de la Rochelle.

Sept onces 13 d. 23 g. $\frac{16}{11}$ de grain du marc de Paris poise la demie liure de Anuers.

Sept onces 7 d. vn g. $\frac{22}{11}$ de grain poids du marc de Paris poise la demie liure ou marc de Londre.

Quatre onces 20 d. poids de Paris poise

la demie liure, poids subtil de Venise.

La diuersité des poids des villes de France, bien que tres-grande & par trop differē-te, n'est point en vsage, où il se traicte par tout le Royaume du traffic ou commerce d'or & argent en masse, ou en ouurage d'or-févrerie, sinon par des pipeurs ou affron-teurs qui acheptent au poids fort, & vendēt au poids subtil : c'est pourquoy l'ordōnnan-ce veut que les Orfévres & Ioailliers baillent aux achepteurs vn bordereau, contenant la qualité & quātité des ouurages d'or & d'ar-gent, par eux vendus; & seroit tres-vtile en vn Estat, qu'il n'y eust qu'vn seul poids, & vne égale mesure, & que les mesures reuin-sent au poids, & les poids aux mesures des marchandises qui se peuuent nettement pe-ser & mesurer, comme les grains, sel, plastre, draps de laine & de soye, & autres sortes de marchandises; les autres qui sont difficiles, comme de bois, pouruoir à la longueur & grosseur.

Les Roys d'Espagne ont policé & reglé la diuersité de leurs poids dés l'an 1386. & y a vn Officier en Espagne, lequel de trois ans en trois ans, visite tous les poids qu'il fait changer, s'ils se trouuent diminuez ou alterez, & chastient exemplairement ceux qui en vsent & vendent à faux poids: Et du regne de Henry II, Nicolas de Coquerel, Marchand honnorable de la ville de Paris, homme de bien, & de biens, feust employé à semblable reformatió, discontinuee par la mort du Roy: & n'y a point de doubte qu'en la la vente des soyes & drogueries l'on vse en France de poids differends: & en la vente du sel il y a de merueilleux deschets, & diuerses formes de mesurage, où le peuple reçoit grand perte, & y a peu de tributs, ny de Messieurs Miron & de Grieux qui deffendent son droict, lesquels ie nomme par honneur, pour auoir tres-dignement exercé telle charge.

L'ordre & police au mesurage du sel en la Gabelle de Paris est tresbon, si le sel estoit sec, ou salorgé: il se jette à plomb au minot, non par deschargement de la pelle, que les Gascons & Prouençaux appellent volte paluë: si la mesure reuenoit au poids, & le poids à la mesure, le peuple ne receuroit tant de

dom-

mage comme il fait; & n'y a qu'aux gabelles de deçà loire où l'on vse de ceste premie-
re forme, & aux salins de Broüage, Pecquais,
Narbonne, Sizen & Periac, & plus aduanta-
geusement au profit du marchand fournis-
seur, attendu la qualité de la marchandise,
qui n'est qu'eau : Ceste disgression, bien que
hors du subjet, ne pourroit nuire à qui vou-
droit establir vne parfaicte police aux poids
& mesures, & les rendre en tous lieux du
Royaume, & en toutes marchandises égales,
& en bannir les fraudes, dont se sçauent tres-
bien ayder les mauuais regrattiers, & mauuais meusniers.

Ce que nous auons sommairement representé les poids de plusieurs Prouinces, suffi-
ra pour la reduction de celuy de France, autrement il conuiendroit faire vn opusculle à
part & separé : & ce que nous l'auons representé, a esté pour ne tomber en l'erreur d'vn
autheur moderne, lequel pour n'auoir co-
gnu la diuersité des poids, n'a iustement rapporté la taille & reduction du fin des monnoyes des Prouinces & Royaumes, dont il a
parlé.

Ce qui empefche la parfaicte reduction des monnoyes modernes d'or & d'argent aux anciennes, eft qu'il ne fe trouue autheur qui aye rapporté le fin & poids des monnoyes, chacune felon fon efpece, de temps en temps : quelques-vns ont bien dict, que 20.15.14.13. & vn tiers, 12.11. & demy, 7. & 4. pefant d'argent, acheptoient vn marc d'or; & peu ou point ont rapporté & reprefenté parfaictement le fin poids, prix & taille des monnoyes, année par annee.

La cognoiffance de la pureté des metaux & monnoyes, leur taille & poids, n'eft chofe commune, vulgaire, ny triuialle : le defir & defordonné appetit d'en auoir eft bien commun à tous, tant vieils que ieunes, riches & pauures, mondains & reclus ; mais peu fe foucient fi la monnoye eft bonne, & fi celle qui court & qui a cours eft bonne & loyale, & de fon iufte poids & fin, bien que le poids ne foit moins neceffaire que la forme; & fans fon poids la matiere luy defaut à la conferuation de la Iuftice, qui doit eftre renduë à chacun, pour le prix de la conuention de tout ce qui fe vend & debite à prix d'ar-

gent ; & les Empereurs & Roys ont puny
de mort les rongneurs, comme les faux mó-
noyeurs : Et d'autant que sommairement a
esté parlé des poids differends de plusieurs
Prouinces, ne faut oublier celuy d'Espagne,
Royaume qui jette & donne en contr'es-
change des marchandises Françoises, plus a-
bondamment l'or & l'argent, que toutes les
autres Prouinces & Royaumes de toute la
terre qui negocient dans la France.

PARTITION	PARTITION
DE LA LIVRE DE FRANCE.	DE LA LIVRE D'ESPAGNE.
LA liure contient deux marcs.	LA liure pese deux marcs.
Le marc 8 onces.	Le marc 8 onces.
L'once 8 gros.	L'once 8 octaues.
Le gros 3 deniers.	L'octaue 6 tomins.
Le denier 24 grains.	Le tomin 12 grains.
Autre partition du mesme marc.	*Autre partition du mesme marc.*
Le marc 8 onces.	Le marc pese 8 onces
L'once 20 estelins.	L'once 4 quartes.

L'estelin 2 mailles. | La quarte 4 ardernes
La maille 2 felins. | L'ardene 2 pesantes.
Le felin 7 gr.½ de gr. | Le pesant 18 grains.

Le marc entier de ces deux Royaumes en l'vne & l'autre partition, se diuise en 4608 gr.

Il n'y a rien au son de ses nombres ioincts par addition de dissemblance, sinon que l'Espagnol n'vse du mot de gros, ny du poids de denier, bien que ce poids & l'vsage d'iceluy soit tres-ancien, prouenu de dix, la fin & periode de tous les nombres, & les premieres monnoyes ne valoient que 10 d. & l'on vse de ce mot en quatre diuerses significations pour la parfaicte intelligence des metaux & monnoyes, denier de loy, denier de monnoye, denier de poids, & denier tournois.

Ce mot de denier n'est prattiqué en Espagne, sinon lors que l'on parle de la loy & tiltre des monnoyes, & du marc d'argent fin, lequel est de 12 d. & se diuise en 288 gr. & le denier pesé, & se diuise en 24 gr. ainsi que celuy de France, lors que l'on parle de l'argent fin : mais l'Espagnol en la partition du poids de marc, au lieu de denier vse du mot

de tomin, qui pese 12 g. & 2 tomins 24 g. &
au lieu de gros qui pese 3 d. ou 72 g. il vse du
mot d'octaue, & pese 6 tomins, ou 72 gr.
mais les 4608 g. que pese chacun des marcs
de France & d'Espagne se troûuent differends en ce que 4288 gr. poids de France
sont aussi forts, & pesent les 4608 g. d'Espagne, qui est 13 d. 8 g. de foiblage pour marc.

Telle diuersité de poids & foiblage se recognoist en la taille de la monnoye d'or &
argent, selon les loix & ordonnances d'Espagne, par lesquelles il est dit, que le marc d'argent de loy à 11 d. 4 g. sera taillé en 67 realles
simples, la piece du poids de 68 gr. 52,67 de
grain, le fin duquel marc vaudra 65 realles,
ou 2210 maranedis, & s'exposera pour 2278
maranedis, qui est 68 maranedis de traitte
pour marc, & le marc d'Espagne fortifié à
l'égal de celuy de France 73 maranedis, qui
valent monnoye de France, enuiron 11 sols.

Que du marc d'or de loy à 22 karats, serót
taillez 68 pistolets, la piece du poids de 67 g.
52,68 de grain, qui auront cours pour 440
maranedis piece le fin, duquel marc par l'ordonnáce d'Espagne de l'an 1612. vault 28800

maranedis, ou 847 realles ſimples, 2 maraned.
& s'expoſent pour 29980 maranedis, ou 880
realles ſimples, qui eſt de traitte pour marc, à
raiſon du poids d'Eſpagne 1120 maranedis,
qui valent 32 realles, 32 maranedis, & le marc
d'Eſpagne qui eſt foible, fortifié à l'égál de
celuy de Fráce, eſt de traitte pour marc 1202
maranedis $\frac{14}{63}$ de maranedis, ou 35 realles 12
maranedis $\frac{24}{68}$ de maranedis, qui valent monnòye de France 9 l. 8 ſ. 5 d. & le meſme Roy
d'Eſpagne leue en ſes monnoyes de Milan
ſur chacun marc d'or 21 l. 3 d. $\frac{10}{13}$ de deniers,
monnoye de Milan, qui valent monnòye de
France 3 eſcus $\frac{1}{2}$ d'eſcus, & le Roy d'Angleterre vn Iacobus pour marc d'or, & la pieuſe
& preuoyante Republique & ſeigneurie de
Veniſe vn ſeizieſme.

Seroit à deſirer que la traitte, braſſage &
droict de ſeigneuriage du marc d'or & argent, & la taille des monnoyes qui ſe fabriquent és Royaumes d'Eſpagne, de Naples,
& Duché de Milan & Angleterre, & autrés
Royaumes, Principautez & ſeigneuries qui
commercent & communiquent en France,
feuſſent conſiderées par Noſſeigneurs du

Conseil, & se vouloir donner loisir de voir
la diuersité & contrarieté qui est en la taille
du marc d'or & d'argent des monnoyes, in-
troduictes par l'Edict de 1575. & 1577. que
furent introduits les francs quarts d'escus, &
leurs diminutions, & la taille des escus sol có-
tinuée, pour apres donner leur iugement sur
les esloges que l'on a prononcez, & que l'on
prononce en faueur de l'Edict de l'an 1577.
& suiuans, qui n'ont esté qu'à l'aduantage
des estrangers & des billonneurs, ainsi que
par le iect & la plume ils le pourroient parfaictement recognoistre.

Alors iugeroient si le marc d'or & d'argent de France est employé en la taille des
monnoyes qui ont cours, comme celuy
d'Espagne en soixante & sept realles, & en
soixante & huict pistolets pour marc, ne
differant l'espece d'or en son poids à celle
d'argent que d'vn grain pour piece, qui fait
vn denier de monnoye pour chacun marc
d'or ouuré, & bien considerer le seigneuriage, traicte, & brasage que le Roy d'Espagne leue sur chacun marc d'or, assauoir en
Espagne pour marc reduict au poids de

France, 35 realles 12 maranedis, qui est pres
de dix-huict fois autant sur vn marc d'or
que sur vn marc d'argent: & en son Duché
de Milan, 21 l. 3 d. monnoye de Milan, qui
valent monnoye de France trois escus ½
d'escu, les Venitiens quatre cequins & vn
quart, qui est beaucoup plus, & le Roy ne
leue sur marc d'escus sol ouurez, que 5 l. 2 s.
11 d. vn quart de denier, partant moins
que le Roy d'Espagne en Espagne de 4 l. 6
s. pour marc, & que le Roy d'Angleterre
pres de 6 l. pour marc, & la seigneurie de
Venise, pres de 8 l. monnoye de France,
pour lequel deffault (contre l'vsage des
vieilles loix du Royaume) prouient tout
le subject du surhaussemét de la monnoye
d'or par la monnoye d'argent de France,
lequel dommage n'arriueroit si l'ancienne
traitte se leuoit sur la monnoye d'or de
France: & ne se recognoist dans les chartres
de la Cour des monnoyes le subject de
l'abrogation de cet vsage, & ne se propose
aucune raison pertinente à l'empeschemét
que l'on a donné au restablissement de tel
ordre, bien que de ceste police ne peut ar-
riuer

riuer que beaucoup de blé, par l'enrichisse-
mént du Royaume, & ne l'obseruant beaucoup de mal par l'appauurissement, sinon
que l'on vueille authoriser le surhaussemér
de la mónoye d'or de France, ou bien auoir
agreable le transport de l'or & argent, lequel autremét ne se peut empescher pour
quelque loy ou ordonnáce que l'on puisse
faire, quand la mer & la terre des extremi-
tez du Royaume seroient bordées de Suis-
ses & autres gardes.

L'inégalité du prix de l'escu sol à son
cháge, se recognoist par la demonstration
du fin de son espece, & de toute monnoye
du Royaume, qui se baille pour change en
especes d'argent & billon depuis l'an 1575.
& 1577. que fut continuee la fabrication
des escus sol à soixante sols, le fin duquel
valoit cinquante huict sols huict deniers,
pour lequel payer, furent introduicts les
francs ou liures d'argent, & leurs diminutions de loy à dix deniers, dont le fin estoit
moindre que du teston de dix-huict grains
trois quarts de grain, trois desquels francs
payoient l'escu d'or, & le fin ne valoit que

cinquante-sept sols cinq deniers $\frac{2}{3}$ de denier : & peu apres furent faictes pieces de
quinze sols,quatre desquelles changeoiét
l'escu,& le fin n'en valoit que cinquante-
sept sols deux deniers $\frac{2}{3}$ de denier : au mesme temps fut introduict la nouuelle taille
& diminution du fin des douzains, dont
soixante sols payoient l'escu,le fin desquels
ne valoient que cinquante-deux sols sept
deniers $\frac{16}{52}$ de denier,& vingt-quatre doubles sols Parisis , ou quarante-huict sols
Parisis changeoient l'escu d'or de soixante
sols,le fin desquels ne valoit que cinquante quatre sols.

Qui considerera ceste inégale valeur par
balances iustes , & cognoissance des metaux & monnoyes,recognoistra que le mé-
pris de l'vsage & pratique des premieres
loix des mónoyes,forme des alleages,tail-
le,traicte,brasage,& droict de seigneuriage,a causé la perte de plus d'vn sixiesme de
tous les biens qui se transportent hors le
Royaume,laquelle perte continuera tant
& si longuement que l'alleage, taille,trai-
cte,brasage,& droict de seigneuriage qui

ſe pratique à preſent en la monnoye d'or
de France, ſera continuée : laquelle alteration s'eſt accreuë par l'augmentation des
remedes au poids & en loy ſur les pieces de
quinze ſols, nouueaux doubles, ſols Pariſis,
& douzains plus foibles en poids & loy
que les anciés, la fabrication deſquels doubles, & ſimples ſols Pariſis & douzains fut
legitimement interdicte dés l'an   &
le deuoit eſtre la fabrication des quarts
d'eſcus pour leur mauuaiſe taille, laquelle
bien cóſiderée, cauſe la diſparité entre l'or
& l'argent, & de l'argent à l'or.

Le marchand eſtranger qui commerce
dans la Fráce, cognoiſt toutes ces defectuo-
ſitez & diuerſitez qui ſont entre la monnoye d'or & argent, & entre la monnoye
d'argent & billon : & ſe commence le deſordre des monnoyes par le choix de la
monnoye qui eſt la plus forte en ſon fin,
quand les monnoyes ne ſont également
taillées & alloyees, dont il apprend curieu-
ſement la bonté & valeur intrinſeque à la
conſeruation de ſon bien.

Apres l'introduction de ces eſpeces in-

égales & defectueuſes, le ſurhauſſement nĕ
commença ſur la piece d'or, & ne fut tranſportée, d'autāt que le change de l'eſcu d'or
en vieux douzains, valoit vn cinquieſme en
leur fin, plus que ce pourquoy ils eſtoient
expoſez, & tant & ſi longuement que le
marchād billonneur, regnicole ou eſtranger a trouué des vieux douzains, il les a
tranſportez, ou ont eſté fondus dans le
Royaume: & n'ayant le billonneur dequoy
continuer tel negoce, & ayant recogneu
que le fin de l'eſcu eſtoit meilleur que ſon
change en trois pieces de vingt ſols, quatre
quarts d'eſcus, teſtons, douzains, & doubles ſols Pariſis nouueaux, il a tranſporté
l'eſcu ſol, ou luy a ſurhauſſé ſon prix; ce
qu'il ne ſçauroit faire, ſi l'ancien ordre &
vſage des premieres loix & reglements des
monnoyes eſtoient reſtablies.

Ceſte iniuſte police ou mauuais reglements des monnoyes, & la permiſſion de
l'expoſition de la piſtole pour ſept liures
quatre ſols, empeſche le marchand François negotiant en Eſpagne d'apporter
monnoye d'argent, & autres matieres d'or

que piſtolets, pour l'aduantage qu'il en reçoit : & eſt tres-certain que de la matiere
du piſtolet ne ſe peuuent fabriquer eſcus
au ſoleil ; que ſi l'on propoſe que depuis le
dernier Edict il s'en eſt faict, tels eſcus n'ót
eſté faicts de la matiere des piſtolets, & ne
s'en peut faire ſans grands fraiz.

L'art de billonneur eſt entretenu par les
loix modernes du Royaume, & par le dernier Edict plus aduantageuſement que par
les precedents : & à preſent le billonneur
glane par tout, & a le temps propre pour
raſſembler les matieres , ſoit l'or fin qui
vient de Barbarie, ou chaiſnes d'or, ou pieces d'or legeres, qu'il achepte dás le Royaume à tres-vil prix, ayant eſgard à ce que l'or
ſoubs la forme des monnoyes d'Eſpagne,
eſt trop eſtimé par la permiſſion portée par
l'Edict de l'an 1614. qui faict achepter le
marc d'or de vingt-vn karat trois quarts
en ſimples, doubles & quatruples piſtolets
262 l. 16. ſ. & quand le piſtolet d'Eſpagne a
cours du poids de 2. d. 14. g. 266. l. 8. ſ. &
beaucoup dauantage en piſtolets de Naples & Milan , & de toutes autres eſpeces

d'escus d'Italie, Auignon, & Charpentras, lesquels se trouuent de loy à 21 Karat, qui est vn troisiesme que le François reçoit de perte pour marc d'or : & ainsi par ceste mauuaise police la France perd son bien souz l'authorité de ses loix, qui est perte de pres d'vn treziesme pour marc de tout l'or qui entre de ces Principautez & seigneuries en France.

L'introduction de la grosse & forte mon-noye d'argent des testons fut establie en Auril 1513. du temps de Louis XII, à la taille de deux sols vn denier obolle au marc la piece du poids de 7 d. 12 g. & luy fut donné cours pour dix sols, dont furent faicts de-my testons : mais deslors se pouuoient fa-briquer des quarts de teston ou doubles sols parisis de pareil tiltre du poids d'vn denier vingt & vn grain, ou de quarante-cinq grains, qui estoit poids plus fort de treize grains pour piece que le demy real d'Espagne, qui ne pese que trente-deux grains, ou du chelin d'Angleterre, qui ne pese que vingt-huict grains, & se pouuoiét faire simples sols parisis, du poids de vingt deux grains & demy, poids beaucoup plus fort que le quart de la reale simple d'Espa-gne, qui ne pese que 16. g. ou des pieces de 10 de. du poids de 15 gr. & ainsi toute la monnoye auroit esté & seroit d'argent de pareil degré & bonté, depuis ce temps iusques en l'an 1577. la fabrication des testons auroit esté continuée, & l'introduction & vsage du billon, qu'il n'estoit necessaire restablir, pour la raison & demonstration cy-deuant faicte.

Depuis ce temps, les monnoyes de billon ont esté trop licentieusement continuées, & les fortes mal taillées, auec trop grands remedes au poids : pour lesquelles augmé-tations de remedes, sont prouenus les trás-ports des bonnes & fortes, & le surhausse-ment des monnoyes les vnes par les autres pour leur inégalité & non valeur, & n'y a que l'égalité de la monnoye d'or à l'argent & de l'argent à l'or, qui puisse conseruer les richesses d'vn Royaume.

Les autheurs de ces derniers Edicts, in-troduisans diuerses especes de monnoye de differente loy, ont failly la piece de 20.

fà 10 den. & le quart d'eſcu à 11 d. de fin, & deux eſpeces de billon, l'vne de doubles ſols pariſis à 4 d. d'argent le Roy, l'autre de douzains à 3 den. auſſi d'argent le Roy, & moindres que les precedents : & toutes ces eſpeces d'argent & billon mal proportionnées, ne payent en leur bonté la valeur de ce qu'elles changent, mal taillées, & pirement proportionnées : & pour mieux voir la negligence de ceux qui introduirent en l'an 1575. la piece de 20 ſ. du poids d'vnze deniers vn grain, dont furent faites pieces de 10 ſ. & 5 ſ. ſe pouuoient pareillement faire huictiémes ou doubles ſols pariſis, du poids d'vn denier neuf gr. & vn huictiéme de grain, poids plus fort que le demy real d'Eſpagne d'vn grain vn huictiéme de gr. & que le demy chelin d'Angleterre de 3 gr. & vn huictiéme de gr. qui auroit eu cours pour 2 ſ. 6 d. & ſe pouuoient auſſi faire ſols pariſis du poids de 16 g. & demy, ſans eſtablir l'vſage de la monnoye de billon.

Et ne ſe recognoiſt raiſon pertinente de l'interdiction de la fabrication des teſtons, bonne & forte monnoye pour introduire

la

la piece de 20 ſ. & ſes diminutions de moindre loy. Pourquoy introduire la fabriquation & vſage des doubles ſols Pariſis de billon, puiſque en la taille des pieces de 20 ſ. l'on
pouuoit faire doubles & ſimples ſols Pariſis
d'argent? pourquoy diuerſité de fin, puiſque
l'on pouuoit du tiltre du quart d'eſcu faire
piece de 20 ſ. de 10 ſ. de 5 ſ. & doubles ſols
Pariſis? il euſt eſté plus à propos continuer la
fabriquation des teſtons bien taillez, & auſ-
quels le marc eſt & eſtoit entierement employé, le fin de l'argent (qui eſt le prix des richeſſes vniuerſelles du Royaume) ſe fuſt
mieux conſerué, & l'argent plus pur qu'il ne
l'a eſté par l'introduction de la piece de 20 ſ.
à 10 d. de loy, dans leſquelles il y a vn ſixieſ-
me de cuiure, & ne ſeroit mal fait de repren-
dre ce tiltre pour la diminution faite par le
Roy d'Eſpagne du tiltre de ſes realles, depuis
l'an 1599. de 4 & 5 gr. fin pour marc en ſes
monnoyes de Tolede, Grenade, Sagouie,
Mexique, & au Perou, & ſeroit tres-vtile diminuer le prix du marc d'or & argent en
France, d'autant qu'ils ont eſté augmentez
depuis l'an 1602. & reduire le prix du marc

d'argent le Roy à 19 l. & le marc d'or à 237 l. 18 ſ. 3 d. & fabriquer toutes les monnoyes ſolides & parfaictes en bonté, payant l'or l'argent, & l'argent l'or, ſans choix, ny ſubject du triage, lors la France s'enrichiroit, & les reuenus du Roy & de ſes ſubjects ne diminueroient, pour enrichir les eſtrangers, & ſouuent ſes ennemis.

A telles pertes y a beaucoup ſeruy & ſert la liberté d'expoſer les monnoyes eſtrangeres, & celles du Royaume legeres & rongnées, & de permettre aux courtoiſans de faire battre monnoye dedans & és enuirons du Royaume, où ils n'ont imité les Princes d'Italie en l'alteration des monnoyes d'or & argent, mais les ont faites moindres à 17 & 18 karats, & les pieces d'argent à 6 & 5 de deniers de loy.

En l'an 1570. il n'y auoit aucun Prince dans & proche l'eſtenduë du Royaume, qui euſt ſeigneurie eſtablie en ſouueraineté, en laquelle il peut frapper monnoye d'or ou argent.

La plainte que l'on fait qu'il n'y a abondance d'or & argent en France, pour les grands biens qu'elle produict, ne vient d'ailleurs que du prix exceſſif donné à l'or & l'argent; & moins l'on les eſtimeroit, plus il en entreroit, & en demeureroit dauantage dans le Royaume.

Autrefois il y a eu des deſordres & confuſions aux monnoyes, pour le ſurhauſſement du prix du marc d'or & d'argent, à la conſeruation du Royaume, contre ceux qui vouloient en chaſſer les François: mais apres la paix, l'on reuenoit au prix ancien : & ne ſe trouuera en l'hiſtoire, que hors la ſaiſon des guerres vn ſi extraordinaire ſurhauſſement ayt eſté fait en ſi peu de temps, comme celuy qui a eſté fait depuis 1602. & 1614. qui a eſté de 56 l. 6 ſ. 6 d. pour marc d'or, & qui continuë.

Les anciens François, apres les deſordres des guerres, ne redoutoient la diminution du prix donné alors à l'argent, cauſe pour la conſeruation de la patrie, & croyoient que l'augmentation du prix du marc d'or & argent, & des monnoyes eſtoit la diminution de leurs richeſſes, comme veritablement elle l'eſt : & qui reduiroit le prix du marc d'or &

argent au prix de l’ordonnance de 1540. enrichiroit grandement le Royaume: & qui
feroit ceſſer la vanité & luxe des ioyes, dia-
mans & perles en la ville de Paris, l’on verroit
la France regorger de richeſſes, l’Italie de
ſoyes pourries, l’Eſpagne de Perles, ou petits
caillous, & la Flandre de drappeaux & paſſe-
ments de fil, qu’ils vendent aux François au
poids de diamant, dont ils ne ſçauroient viure; & la France abondante & remplie de
toutes ſortes de biens & viures, & grandement oppulante en toutes ſortes de fruicts,
que les eſtrangers viendroiét achepter auec
l’or & l’argent à la main, ſans aucun danger
de la mer, & à tel prix qu’il plairoit aux François; le luxe eſt tel qu’il ſe peut verifier qu’il
y a plus d’Orfévres en France, qu’il n’y a de
potiers d’eſtain & de terre par tout le Royaume, bien que la matiere de ceux-cy ſoit
beaucoup plus abondante & commune que
l’autre.

Peu de perſonnes ont parfaicte cognoiſſance du faict des monnoyes & des experts,
les vns ont la Practique, les autres la Theori-
que, de ces derniers peu ſe ſçauent exprimer

ſans vſer d'autres termes que de l'art, dont
les Magiſtrats qui ont la ſouueraine authorité, ſe dégouſtent, & ſouuent retirent leurs
yeux de la lecture des diſcours qui en parlét,
bien qu'ils ne puiſſent aſſurer le fruict de
leur labeur, que par l'aſſeurance de la bonté
des monnoyes d'or & d'argent.

L'intelligence des termes des monnoyes
ne s'apprend que par l'vſage, qui a fait dire à
vn grand Iuriſconſulte François, que la ſciẽ-
ce des monnoyes eſtoit grandement intri-
quée & pleine d'obſcurité : mais qui conſiderera le bien qui reuient au general & particulier du Royaume par la bonté des monnoyes meſpriſera ces mots obſcurs, d'autant
qu'en vn ample diſcours ils ſont ſuiuammét
expliquez, & pour ſi maigre ſubject l'on ne
ne deuroit rejetter le fruict abondant & cer-
tain que la reformation d'vn mauuais ordre
des monnoyes en meilleur, apporteroit par
l'abondance de toutes ſortes de biens qui
foiſonnent où la monnoye eſt bonne &
loyale, certaine, & ſolide, ainſi qu'elle l'eſt en
Eſpagne, & parfaicte en Angleterre, pour
eſtre toutes les monnoyes & les plus petites,

ainſi que les plus fortes d'argent à 11 d. 2 gr. de remede, & l'or à 22 karats, n'y ayant cours ny miſe aucune eſpece de billon, ny de cuiure; mais meilleure & plus parfaite à Veniſe pour eſtre le cequin d'or fin, & le ducaton & ſaincte Iuſtine d'argent le Roy.

Les premiers qui ont la cognoiſſance des monnoyes par practique, s'entremettans à prendre les fermes des monnoyes, ſont en petit nombre : & contractant auec le Roy ſoubs la rigueur des loix demeurent obligez à l'entretenement de leurs baux, & à payer le prix de leurs fermes, mais l'on leur manque continuellement de garantie, tollerant le cours des monnoyes de France legeres & rongnées, & les tranſports des matieres d'or & d'argent, & le cours des monnoyes d'or & d'argent eſtrangeres qui entrét dans la France, pourquoy il leur eſt impoſſible battre monnoye d'or, pour n'auoir la France fait monſtre entiere de ſes richeſſes ſoûterraines, moins certaines que celles que la ſuperficie de la terre Françoiſe produict annuellement & abondamment, & auec moins de trauail & danger, & en biens & fruicts plus neceſ-

faires à la vie de ſes creatures que l'or & l'argent.

D'ailleurs,il eſt impoſſible de trauailler
en monnoye d'or,pour les grands fraiz qu'il
conuient faire , & le peu de braſſage dont
l'œuure d'or eſt chargé,qui n'eſt que d'vn 53
pour marc,ou 5 l. 2 ſ. 11 d. vn quart de denier,
dont l'on attribuë au fermier Maiſtre de
monnoye ſeulement 30 ſ. pour marc d'œuure,& ſur ceſte ſomme eſt chargé de payer
l'ouurier monnoyer & tailleur,& de ſouffrir
les priſes de l'eſſayeur à la fonte deuant l'ouurier,deuant le monnoyer, deuant les gardes & les peuilles,lors des deliurances,outre
les fraiz d'affiner l'or & argent , bas, & des
alleages,fontes,& tous deſchets & pertes de
cizailles,& tous autres fraiz & deſchets de
fonte & refonte,où l'ouurage n'eſt bien ouuré & monnoyé,& d'apporter en perſonne,
ou enuoyer par Procureur tous les ans ſes
boettes aſſiſter à l'ouuerture & iugement
d'icelles,& en fin de ſon bail rendre ſes com-
ptes à la Chambre à ſes deſpens.

Et n'eſt raiſonnable qu'vn fermier ſerue
le Roy & le public à ſes deſpens,le ſoldat qui

n'est payé de sa solde est à charge au bourgeois, au paysan, & au peuple, & est tres-ne-
cessaire d'empescher les transports des matieres d'or & d'argent, & l'exposition des
monnoyes estrangeres, & celles du Royaume legeres & rongnées, & exemplairement
chastier les transporteurs d'or & argent, &
ceux qui introduisent les especes estrangeres par punition corporelle, mesmes les Iuges
Royaux & Municipaux, lesquels au preiudice des Edicts des monnoyes, verifiez au Parlement de Paris, & en la Cour des monnoyes
empeschent l'execution des Edicts du Roy,
& font publier leurs ordonnances du cours
& mise des monnoyes estrangeres, deffen-
dât aux officiers particuliers des monnoyes,
Gardes, Procureur du Roy, & à tous Huis-
siers & Sergens d'informer de la contreuen-
tion aux Edicts des monnoyes, sur grandes
peines & amendes, ainsi qu'il s'est fait au
mois de May 1617. en l'vne des Capitales villes du Royaume, & du ressort du Parlement
de Paris, à tous lesquels desordres il est grandemét necessaire de pouruoir, & empescher
la continuation de si grande perte que le
Royau-

Royaume souffre par le transport de ses biés payez en monnoye estrangere.

Est aussi besoing de remedier à vn monopole nouuellement introduit par les marchands, pour empescher qu'il n'entre or, ny argent en France des marchandises qui se portent vendre en Espagne, pour le payement desquelles il est permis de transporter l'or & l'argent monnoyé & non monnoyé, & le rapporter en France: bien que pour induire les marchands François & estrangers à l'apporter en France, les Roys leur ayent dóné vn vingt-quatriesme de profit sur l'argét qu'ils feroient apporter dans le Royaume, lequel droict & aduantage leur feust augmenté d'vn seiziesme, par le Roy Henry le Grand, par l'Edict de l'an 1602. neantmoins le marchád (insatiable du gain) au preiudice des loix & du bien public, a inuenté deux sortes de change, le premier qui croist ou descroist de temps en temps, selon que les monnoyes sont bien ou mal reglées, óu que les chemins sont dangereux à l'occasion des guerres, & que le commerce n'est libre, lequel change bien qu'vsuraire, neantmoins est tolleré.

L'autre seconde & nouuelle sorte de chã-
ge est tel, qu'ayant le marchand chargé des
marchandises en France, & icelles heureuse-
ment conduites en Espagne, Barbarie, ou
ailleurs, & venduës en deniers contans, ou en
or & argent, brut, barres, saumons, ou en lin-
gots, & ne trouuant en ses Royaumes marchandises qu'ils appellent Latine, pour l'vsage de la France ils tournent leur bort, &
font voile en Flandre, où ils deschargent l'or
& l'argent qu'ils ont rapporté pour le prix
des marchandises Françoises, & le desposi-
tent aux Ceques fondiques, ou banques des
Princes de ses pays, où ils vendent l'or & l'argent, à raison de lexes, qui est au prix de la
monnoye alterée, & font rapporter des marchandises de ces lieux, dont le prix est augu-
menté à raison de l'alteration des monnoyes
de tels Princes, qui n'ont autre reuenu ou
domaine que le sang de leurs pauures subjects, par surhaussement du marc d'or & argent, & diminution du fin des monnoyes
qu'ils font plus foibles en poids que les Roys
leurs voisins, & qualifient ceste sorte de negoce changé d'argent en marchandise, dont

ils tirent profit de 50. pour 100. qui eſt vn
monopole & billonnement preiudiciable
au Roy & au public: & quatre marchands de
credit empeſcheront qu'il n'entrera en Frā-
ce que peu d'or & d'argent par la mer Ocea-
ne, & feront achepter aux François les mar-
chandiſes, tant de luxe, qu'autres neceſſaires
au Royaume, à tel prix qu'ils voudront aux
François: Mais à ce mal, qui ſera tres-grād, ſi
l'on n'y pouruoit promptement, il eſt aiſé
d'y remedier ſans Edict, & par Edict de faci-
le execution, & à peu de fraiz & deſpens. Il
ſe peut verifier qu'vn Prince voiſin de la
France depuis 20 ans a changé le tiltre, taille & forme de ſes monnoyes d'or & d'argent
18 fois, dont ſes ſubjects ont receu, reçoiuent, & receuront continuel dommage.

Il y a 9 ans paſſez que l'on propoſe la reformation des deſordres des monnoyes, tant
en la forme qu'en la matiere, & ſe ſont faites
pluſieurs aſſemblées, où toutes ſortes de perſonnes de differente qualité ont cognoiſſance des metaux & monnoyes, qui ont donné
leur aduis, & ont eſté veuz 18 traittes de la
maniere à les reformer, par aucuns deſquels

ont esté leuez les formes de monnoyes Grec-
ques & Romaines pour le relief des effigies
& beauté des caracteres, & l'impoſſibilité de
les imiter ou alterer pour la parfaicte forme
& matiere dont elles eſtoient compoſées,
eſtant impoſſible en vne parfaicte & vnifor-
me monnoye ſupoſer vn metail vil & abject
au lieu du fin: & ſe peut dire qu'auec la deca-
dance de l'Empire Romain la parfaicte bonté & beauté des monnoyes s'eſt perduë en
l'Europe, & n'y a point de doubte qu'en ce
ciecle n'y a perſonne qui puiſſe imiter l'ancienne fabriquation des monnoyes Grec-
ques ou Romaines, quelques excellents gra-
ueurs recognoiſſás la curioſité des amateurs.
de la parfaicte antiquité, ont deſiré les imiter & contrefaire, mais il n'y ont peu parue-
nir.

De toutes les propoſitions qui ont eſté
faites pour donner forme aux monnoyes
d'or, argent, billon, cuiure, ou fer, il ne s'en eſt
trouué de plus propre que la ronde, bié que
aucunes des monnoyes d'Arragon ſe trouuent auoir eſté quarrées & d'autres, dont
parle Lucien, Longuettes, & ceux qui voya-

gent vers le Septentrion, en rapportent de
longues, de quarrées, & en oualle d'or fin.

Apres tant d'aduis & propofitions de
l'ordre à tenir en la reformation des monnoyes, l'on propofe vne machine, pour luy
donner forme de l'inuention de Nicolas
Briot, Tailleur & Graueur general des Monnoyes de France, homme tres-expert en fon
art de graueur, & à purifier les metaux, pourquoy il eft à croire qu'il demeurera d'accord
que le lingot qui eft porté & conduit par fa
machine en fon couppoir, qu'il appelle la-
minoir, n'eft de forme ronde, mais en oualle,
& ne s'eft veu ouurage fortir de cefte machine ronde, ny platte, au contraire tient de la
forme d'onde, & en fon eftenduë d'oualle,
qui font deux imperfections en la monnoye
qu'il conuient corriger, s'y corriger & amã-
der peuuent eftre, d'autant que par le temps
pour eftre fes quarrez en dome, comme les
quarrez viendront à s'vfer l'imperfection de
l'ouurage fera plus apparente & femblable
aux jettons de cuiure que l'on apporte d'Al-
lemagne, qui fe fabriquent en femblable machine: ce qui ne fe peut dire de la monnoye

faite au moulin, ayant toutes les especes, mónoyées au moulin en l'vn & en l'autre reuers leur champ poly, le guy, abort, ou cordon en leur circonference, & tous les differends de la ville du Maistre, Tailleur, particulier & milleziesme en toute perfection, & la rotondité requise pour sa parfaite beauté.

L'on propose contre le restablissement du moulin, qu'apres l'inuention d'iceluy, pour la grande cizaille, il conuint augmenter le brassage au conducteur.

Que les ressorts, virolles, quarrez & pieces qui le conduisent sont subjectes à se fouler & à rupture.

[urage.

Qu'il n'est expeditif, & s'y fait peu d'ou-

Que le faux monnoyeur l'imitera.

Qu'il ne se trouuera personne qui veuille entreprendre faire la monnoye au moulin, si ce n'est à pareil prix que ce que l'on paye pour marc des jettons d'argent.

A ces cinq objections se doibt respondre premierement, que la quantité de cizaille de la monnoye faite au moulin n'est dommageable au fermier, ny à l'ouurier, & se trouue entierement sans peine, fraiz, trauail, laue-

ment,& la cizaille faite par l'ouurier à la ci-
zoire ou bec de corbin, outre les fraiz des
laueures,ne fe trouue entierement,qui eft
defpence & perte au maiftre & fermier.

Que l'augmentation de braffage ne fut
faicte pour caufe de la refonte des cizailles,
mais pour n'eftre raifonnable que le conducteur des moulins fift &. donnaft à fes
defpens les façons que l'ouurier eft tenu de
donner à l'ouurage,affauoir battre Royaux,
tailler,pefer,flettrir,cuire,rebattre, efcacher,
recuire,battre,eftanquer,boüer,cuire,recui-
re,fournir de charbon, de grands zizoires,
trois fortes de marteaux , tas , ou enclume,
boüaire,ou marteau,pefant 8 ou 10 l. tenail-
les en oualles,marotieres,cepes,trefbuches,
ou quindoles,poille à recuire,qui font outils
feruans à donner les façons: pour la peine &
trauail defquels luy eftoit payé 3 fols pour
marc,& eftant faites les monnoyes au moulin par l'induftrie du conducteur qui luy
donne autres &femblables façons,il fut bien
raifonnable luy attribuer ce droit,& és lieux
où l'vfage de battre la monnoye au moulin
eft demeuré,comme à Pau en Beart le droict

de l'ouurier luy est attribué, mesme celuy du tailleur & graueur, & tres-iustement, d'autāt qu'il se fournit de quarrez & poinçons qu'il fait faire d'acier d'eslite.

Pour le second object, que les ressorts, viroles, quarrez, & pieces qui conduisent le moulin sont subjectes à se fouler & à rupture, se peut respondre qu'en l'establissement nouueau des premiers moulins, les artisans n'estoient si experts comme ils se sont rendus depuis que les moulins ont esté communs comme ils le sont à present, il n'y a rien plus difficile que d'inuenter, & plus aysé que d'adiouster aux choses inuentées: en l'an 1556 n'y auoit en France de moulins que ceux qui furent dressez enuiron l'an 1553. dans les estuues, proche le Palais, par M. Aubin Oliuier, homme fort ingenieux, & qui en fut le premier inuenteur, qui sont à present aux galeries du Louure, à la garde de ses enfants, qui ne sont moins industrieux, & fidelles conseruateurs de l'industrie de leur pere: mais en l'an 1590. en fut dressé vn à Tours, où furent faits jettons & medailles par Nicolas Denfrie, tailleur general des mōnoyes

de

de France : depuis en l'an   en furent dreſſez à Lyon, & peu apres à Tholoze, Aix, Amiens, Nantes, Bordeaux, & à preſent à Poictiers : tellement que ce qui eſtoit lors ſingulier, s'eſt rendu vniuerſel pour l'vſage des doubles, qui n'eſt que vile & abjecte monnoye.

Pour le troiſieſme object, que les moulins ne ſont expeditifs, & ne ſe feroit l'ouurage ſi promptement qu'au marteau, ſuffira de reſpondre à celuy qui le propoſe, que le peu de practique qu'il a au faict des monnoyes luy fait tenir tel langage, d'autant que quatre perſonnes dreſſez & accouſtumez à telle conduitte des monnoyes au moulin feront plus d'ouurage que douze ouuriers & monnoyers au marteau : & de ceſte diligence en fut rendu teſmoignage dés l'an 1553. par le rapport de celuy qui a fait la traitte, intitulé Diſcours du Royaume & des Roys de Frãce, depuis Pharamond iuſqu'à Charles IX. diſant,

En ce temps fut dreſſé à Paris vn moulin ſur la riuiere de Seine d'vn ſingulier artifice, auquel moulin ſe forge monnoye d'or &

d'argent, exactement imprimée, pollie & arrondie, & en trés-grand nombre, & à moindre fraiz que de couſtume.

Quant au quatrieſme, que le faux monnoyeur pourra imiter la monnoye faite au moulin, il ſe peut dire que ſi les autheurs qui le propoſent peuuent repreſenter vne eſpece d'or ou argent faite au moulin depuis l'inttroduction d'iceux en France, l'on les pourra croire, & eſt l'eſtabliſſement du moulin pour battre les monnoyes : ce que craignent & redoutent les faux monnoyeurs, & leurs peres nourriſſiers, les Alchemiſtes, recognoiſſans qu'ils ne ſçauroient ſuppoſer vn metail vil & abject, comme ſont le cuiure, plomb, & eſtaiñ (matieres des faux monnoyeurs) pour de l'or & argent, qu'auſſi toſt l'eſpece ne ſoit recognuë par l'attouchemét, d'autant que les monnoyes faites au moulin, ſoit à Paris, Tholoze, Bordeaux, ou ailleurs, ſeront touſiours égales, de pareil volume, grandeur & eſpoiſſeur, pour paſſer par ſemblable couppoir, qui couppe également; ce qui ne ſe peut faire aux monnoyes faites au marteau, pour n'eſtre les marteaux ou boüai-

res conduits par forces & mesures semblá-
bles comme au moulin,qui escache au couppoir qui couppe,& à la presse qui serre tousiours également,sans desguisement des differends,mileziesme,marque de la ville,du
fermier & tailleur,& ne peuuent les ouurages faits au moulin estre desaduoüez par les
fermiers,essayeur &tailleur,ny rongnez que
l'expositeur n'en soit aussi tost recognu,re-
pris & chastié: & se peut dire,que l'on n'a
veu teston de France fait au moulin auoir
esté rongné: &semble que la parfaicte repre-
sentation de la figure du Roy aye retenu &
dóné quelque terreur aux rongneurs,les re-
tenant &empeschant.

Quant au cinquiesme & dernier object,
qu'il ne se trouuera personne qui veuille en-
treprédre à faire la mónoye au moulin,si ce
n'est à pareil prix que ce que l'on paye pour
marc des jettons d'argent,ce doibt estre de
l'inuention de quelque personne peu entendu en la conduitte des metaux & graueures,
d'autant que la matiere des jettons est d'argent le Roy, partant plus precieux,& qu'il
conuient grande despence pour l'affineur,

& rendre les matieres d'argent à ce degré ou tiltre. D'ailleurs, il conuiét grande diuersité de poinçons dissemblables à ceux des monnoyes, & d'autant de sortes comme il y a de differentes armes en toutes les noblesses, communautez, maisons municipales qui se delectent faire imprimer ou grauer leurs armoiries ou deuises en jettons d'argent ou cuiure, desquels quelquefois les quarrez ne seruent que pour vne bource de deux marcs de jettons, de laquelle les quarrez pourront reuenir à 20 l. Et pour monstrer l'impertinance de ceste proposition, que l'on appelle le conducteur des moulins, & que l'on luy propose (outre les droicts donnez aux fermiers, les brassages & salaires attribuez au tailleur & à l'ouurier pour marc d'œuure) il s'en trouuera bien payé : & où il refuseroit cest aduantage ou salaire, il n'est à present seul expert en la conduite des moulins dans le Royaume, comme il l'a autrefois esté. Les autres qui ont fait & font les doubles de cuiure à Lyon, Bordeaux, Poictiers, Amiens, Aix, Villeneufve, S. André, ou qui en ont cy-deuant fait à Tholoze, Aix & Nantes le pourront bien entreprendre,

n'ayant pour braſſage de doubles que 5 ſols
pour tout droict, encore qu'il y ait plus grã-
de quantité de pieces à tailler & marquer au
marc de doubles & deniers qu'au marc d'argent, aſſauoir au marc de doubles 78 pieces,
& dans les remedes 82. & au marc de deniers
156. & dans les remedes 164. & au marc de
quarts d'eſcus que 25 pieces $\frac{1}{2}$, & dans les remedes 25 pieces $\frac{2}{3}$ de piece, & en piece de 10 ſ.
8 d. 34 pieces $\frac{1}{2}$, & le double en pieces de 5 ſ.
4 deniers.

Et où ceux qui ont priuilege de faire les
doubles & deniers de cuiure refuſeroient de
trauailler à la monnoye d'or & argent au
moulin, & à ce prix reuoquant leur pouuoir,
& le conferant à celuy qui entreprendra faire les monnoyes d'or & argent au moulin,
ſelon la nouuelle taille, alleage & braſſage,
faiſant ſa Majeſté obſeruer ſes Edicts, & les
deffences des tranſports de l'or & argét hors
le Royaume, & le cours des monnoyes eſtrã-
geres, & des eſpeces du Royaume legeres &
rongnées: & baillant les monnoyes à forfait,
il ſe trouuera des fermiers, leſquels augmen-
teront les droicts du Roy pour marc d'œuure de doubles.   K iij

Et pour iustifier l'vtilité de ceſt ordre,&
que les monnoyes d'or & argent qui ſe ferót
ſeront meilleures que celles qui ont eſté faites depuis l'an 1577. & la monnoye d'or plus
matérielle, forte & meilleure que celle d'Eſpagne, bien qu'elle s'expoſe à moindre prix
que le piſtolet d'Eſpagne, nonobſtant l'augmentation de traicte, il pourra eſtre que par
ceſte demonſtration & preuue, ceux qui ſou-
ſtiennent qu'il ne faut diminuer le prix de la
piſtole changeront d'aduis, & la monnoye
d'argent meilleure que celles qui furent introduites en l'an 1577. à l'aduantage du Roy
& du Royaume, & grand deſaduantage des
billonneurs, tant François qu'eſtrangers, qui
ſeuls en receuront le dommage en la France, & recognoiſtront que le ſalaire attribué
aux maiſtres & fermiers des monnoyes en la
fabriquation des eſcus, & demy eſcus, n'eſt
ſuffiſante pour mettre en œuure vn marc
brut: & qu'il eſt neceſſaire de luy augmenter
le braſſage, meſme les droicts du Roy, pro-
uenant de ce default, le ſubject du ſurhauſſement de la monnoye d'or dans le Royaume,
où elle ſera perpetuellement & à touſiours

augmentée de prix, ou tranſportée, à cauſe
de ſa bonté & moindre valeur, & bonté des
monnoyes d'argent, introduittes depuis l'an
1577. Et pour iuſtifier ſi Noſſeigneurs du
Conſeil & Meſſieurs les Commiſſaires depu-
tez par ſa Majeſté à pouruoir aux deſordres
des monnoyes, deſirent la preuue en eſtre
faite en leurs preſences, ils recognoiſtront
s'il ſera plus vtile faire monnoyes au marteau
qu'au moulin: & ſi les monnoyes d'or que
l'on propoſe ſont égales à celles d'argent,
ſans diſparité, & iugeront le dommage receu, & l'impoſſibilité d'affiner vn marc d'or
du tiltre des piſtolets d'Eſpagne, & le reduire à 23 karats pour moins de cent ſols pour
marc: & le profit qui reuiendra au Royaume
par l'vſage & practique de la reformation
propoſée, & ſi plus diligemment ſe trauail-
lera au moulin qu'au marteau, & quelle des
monnoyes anciennes ou modernes ſeront
plus belles, parfaictes & ſolides: & ſi les monnoyes faites ſur les alleages & tailles propo-
ſées, pourront eſtre ſurhauſſées les vnes par
les autres, comme toutes les monnoyes introduites en l'an 1577. & comme en ce ſeul

ordre confiste le seul moyen de conseruer
& augmenter les richeffes du Royaume en
general & en particulier, & comme il n'y aura aduantage à Teforifer pluftoft l'or que
l'argent.

Si l'ouurage fait au moulin se trouue plus
parfaict & vtille, & plus promptement fait,
les ouuriers & monnoyers continuás en leurs
charges pourront apprendre à trauailler au
moulin: & quand ils auront appris à mettre
& tirer les lames au moulin, pour eftre efca-
chées, les porter au couppoir, pour eftre taillées, puis les pefer piece à piece, les mettre en
la tenaille, porter & retirer de la preffe, & la
ferrer (qui font façons de la main, dont les
outils appartiennét au conducteur du moulin, & en fait tous les fraiz,) alors l'ouurier &
monnoyer pour leur peine & trauail feront
bien payez d'vn f. 6 d. pour marc d'œuure: &
iufques à ce qu'ils foient bien dreffez & appris à la conduitte des lames au moulin, te-
naillez & preffez pour leur conferuation,
ceux qui font vfitez à les mener, continue-
rót à y trauailler iufques à ce que les ouuriers
& monnoyers titulaires foient dreffez, vfi-

rez & bien apris, si tant est que sa Majesté
vueille perfectionner la beauté & bonté de
ses monnoyes, & qu'elles soient à l'aduenir
toutes conformes, comme elles seroient fabriquées au moulin.

Pour le contentement des curieux & a-
mateurs de l'enrichissement du Royaume,
nous representons plusieurs pieds, alliages
& tailles de monnoye en proportion douziesme, & autrement sans disparité de bonté de l'espece d'or à son change d'argent,
qui est le seul & vnique moyen pour bannir
& chasser le surhaussement des monnoyes,
& que la matiere des monnoyes vaille autant en œuure que hors d'œuure, selon le
prix des ordres. Et en l'an 1602. & 1614. eust
esté plus vtille par vn pied nouueau de boti-
ne & parfaicte monnoye, chasser les desordres qui estoient, qui sont, & qui encores
continuent, que d'auoir surhaussé le prix du
marc d'or & d'argent.

La France ayant en son partage l'abondance des vrais biens que sa terre produict,
doit estre plus curieuse de la conseruation
d'iceux, & n'estimer l'or & argent, soit brut

ou monnoye en œuure, ou hors d'œuure,
plus que le prix porté par les loix du Royaume, autrement le François s'assubjetit à la
domination d'autruy, & paye taille à celuy
duquel la monnoye a cours.

Charles VII. apres la mort de son pere
reforma prudemment les desordres que les
guerres ciuiles & estrangeres auoient apporté en ses monnoyes, qui estoit tel, que le
marc d'argent le Roy eualué quatre-vingt
dix liures, s'exposoit en œuure pour trois
cens soixante liures, qui estoit vn marc d'argent ouuré en bas billon, plus qu'vn marc
d'or fin, estimé par l'ordinaire trois cent
vingt liures.

Lors en ce siecle ceux qui auoient l'or en
matiere ou en especes, recognoissans que la
Iustice en estoit bannie, & n'y tenoit aucun
rang, pour le trouble auquel le Roy & le
Royaume estoient, (non par desobeissance,
mais pour la conseruation des richesses pures en l'or qui estoit dans le Royaume,) ex-
poserent l'escu pour quarante liures, qui
estoit le marc d'or, peu moins de deux mil
huict cens quarante-sept liures : Et le Roy

recognoiſſant ce dommage en l'an 1422. ſur
la fin le reduiĉt à quatre-vingt liures, & le
marc d'argent le Roy à ſept liures dix ſols, &
l'eſcu à vingt ſols, dont ſa Majeſté fut grandement loüé, pour le ſoing qu'il auoit eu en
la conſeruation des biens & fruiĉts de ſes
ſubjeĉts & Royaume, & apres la diminution du prix du marc & eſpeces d'or & d'argent de trente-neuf quarantieſmes fut recogneu l'enrichiſſement du Royaume eſtre
à peu eſtimer l'or & l'argent.

Henry III. l'an 1577. recognoiſſant que
par deſreiglement du peuple le marc d'or
s'expoſoit pour quatre cent quarante neuf
liures, & le marc d'argent le Roy pour trente
neuf liures, & l'eſcu ſol à ſix liures, & la piece de vingt ſols à quarante ſols, & ainſi deſ-
ordonnément toutes les autres eſpeces
d'or & d'argent dans ſon Royaume, & non
ailleurs, tres-promptement pourueut à tel
deſordre, & reduit le marc d'or à 222 liures,
& le marc d'argent le Roy à 19 l. & chacune
eſpece de monnoye d'or & d'argent à ſon
prix ancien & accouſtumé, qui eſtoit diminution de moitié, & en ſemblable police giſt

la parfaicte multiplication de l'or & de l'argẽt, que le feu artificiel des hommes ne peut engendrer, mais seulement purifier l'Empire, & déguisé par les Alchemistes, & faux monnoyeurs.

Pied de monnoye d'or fin.
Le marc d'or fin vaut par l'ordonnance de
1614.————————————278 l. 6 f. 10 d.
Brassage————————————11 l. 13 f. 6 d.

I Vdouique a 24 karas au remede de ¼ de karat, à la taille de 58 pieces, au remede de 2 felins, la piece du poids de 3 d. 7 g. ½ de grain tresbuchant, qui aura cours pour 5 l. le fin de laquelle vaut————————4 l. 15 f. 11 d. $\frac{40}{18}$ d.
    Dont peuuent estre faites simples, doubles & quatruples, & de tel autre qu'il plaira à sa Majesté.

Pied de monnoye d'argent fin.
Le marc d'argent à 12 d. de loy, à raison de sa pureté en proportion douziesme doit valoir -————————-23 l. 3 f. 10 d. ½
Brassage————————————19 f. 5 d. ½

Dont peuuent estre faites Ludouiques à la taille de 24 pieces ½ de piece, au remede 2 gr. fin pour marc la piece du poids de 7 d. 22 g. tresbuchant, & au remede de ½ de piece qui aura cours pour 20 s. le fin de laquelle vaut ————————— 19 s. 2 d. $\frac{92}{145}$.

De pareille loy & remede peuuent estre faites pieces de 10 s. de 5 s. & de 2 s. 6 d. cinq desquelles pieces valent en leur fin & bonté la piece d'or cy-deuant representée en prix & matiere.

Que si l'on propose que la matiere d'or & d'argent de ses monnoyes est rare; Barbarie, Turquie, Hongrie, Pologne, Pragues, Venise, Boeme & le Septentrion n'en sont plus abondamment fournis que la France; neantmoins les monnoyes de ses Royaumes & Republiques sont d'or & d'argent pur pour la curiosité qu'ils ont de conseruer leurs fruicts, biens & richesses.

Les meilleurs Roys ont tousiours fait leurs monnoyes des matieres d'or & d'argét les plus pures, & iusques à la moindre espece.

Pied de monnoye d'or de loy à 23 karas.
Dont le fin vaut par l'ordon. 226 l. 14 f. 7 d.
 Traicte——————————————————— 11 l. 5 f. 5 d.

DE ce tiltre & loy peut estre fait monnoye d'or dans les remedes des poids &
loy susdits à la taille de 55 pieces ; de piece, la
piece du poids de 3 d. 10 g. ; tresbuchant, qui
aura cours pour cinq liures, le fin de laquelle
vaut ——————————————— 4 l. 15 f. 11 d. $\frac{22}{175}$.
 De laquelle espece se peut faire des simples de 50 f. des doubles & quatruples ; &
toute autre espece.

Pied de monnoye d'argent à 11 d. 12 g. au prix
de l'or en proportion douziesme,
Et deuroit valoir le marc d'argét 22 l. 4 f. 6 d.
 Braffage ——————————————— 18 f. 9 d. $\frac{1}{2}$

DE ce tiltre & loy peut estre fait pieces
dás les remedes des poids & loy susdits
au marc d'argent à la taille de 23 pieces ; de
piece, la piece du poids de 8 den. 6 g. tresbuchant, qui aura cours pour 20 f. le fin de la-

quelle vaut ————————————— 19 f. 3 d. $\frac{41}{46}$ d.

De laquelle espece se peut faire des demis de 10 f. de 5 f. & de 2 f. 6 d.

Ces deux especes de monnoye d'or & d'argent sont proportionnées en leur fin, poids, alleage & taille, que l'vne ne peut estre surhaussée par l'autre, sans perte de celuy qui bailleroit le change.

Pied des escus sol, ayans cours de loy à 23 karas sur le prix donné à l'or en l'an 1614.

Dont le fin vaut ——————— 226 l. 14 f. 7 d.

A Brassage ——————————— 5 l. 2 f. 11 d. $\frac{1}{4}$.

A La taille de 72 pieces, au remede, de 1 karat, de loy & de 2 felins de poids pour marc, la piece du poids de 2 d. 15 gr. tresbuchant, pour auoir cours à 3 l. 15 f. piece, le fin duquel estant droict de poids & loy vaut

——————————————————— 73 f. 6 d.

La traicte donnée au marc d'or de 5 l. 2 f. 11 d. $\frac{1}{4}$ n'est salaire suffisant pour assembler les matieres, les fondre, payer les salaires du tailleur, ouurier & monnoyer, & est necessaire l'augmenter en consideration du profit

que le Royaume en receura, qui sera tel que
la monnoye d'or ne pourra estre transportée
ny surhaussée de son prix, & se cognoistra
mieux ceste deffectuosité en la representa-
tion de la taille, alleage & valeur des quarts
d'escus qui changent l'espece d'or.

Pied des quarts d'escus de loy à 11 d.
Dont le fin vaut ———————— 19 l. 7 s. 8 d. $\frac{12}{23}$ d.
Braffage ———————————— 15 s. 5 d. $\frac{101}{115}$,

A La taille de 25 pieces, au remede de 2 g.
fin & de $\frac{1}{2}$ de piece pour marc, la piece
poids de 7 d. 12 gr. tresbuchant, bien qu'il
pouuoit & deuoit peser 7 d. 14 g. $\frac{1}{2}$ de g. pour
auoir cours pour 16 s. le fin de laquelle vaut

—————————————————— 15 s. 4 d.

Le fin de 75 s. desdits quarts d'escus, qui est
le change de l'escu, suiuant l'ordonnáce 1614.
ne valent que 71 s. 10 d. $\frac{1}{2}$, & ne payent la matiere de l'escu : tellement que pour telle deffectuosité l'escu a tousiours esté & sera surhaussé ou transporté hors le Royaume, s'il
n'y est pourueu, & pour l'excés des remedes
en poids & loy valent beaucoup moins.

Lequel

Lequel excés est plus grand en la monnoye de billon : & pour la deffectuosité d'i-
celuy, les fabriquations en ont esté interdites
dés y a 20 ans & plus, & ne conuient le restablir non plus que l'art des Alchemistes, desquels la perfection est sçauoir déguiser la pureté des bons metaux, pour accueillir la pauureté en vn Royaume, continuellement sui-
uie de changemens ruinez & mutations,
dont les éuenemens sont grandemét dangereux aux Roys, Royaumes & Republiques.

---

*Autre pied nouueau hors la proportion douZié-
me de monnoye d'or de loy à 23 karas, sans
que l'espece vaille plus ny moins que son change en argent, selon le prix donné à ses deux
metaux par l'ordonnance 1614.*

Le marc vaut————————266 l. 14 s. 6 d.
Brassage————————————11 l. 5 s. 5 d.

A La taille de 69 pieces: au remede des
poids & loy susdits, la piece du poids de
2 d. 18 g. ; qui aura cours pour 4 l. le fin de
laquelle vaut————————3 l. 16 s. 9 d. $\frac{9}{139}$

Dont peuuent estre faites simples de quarante ſols des doubles & quatruples.

Pied de monnoye d'argent du tiltre des quarts d'eſcus de loy à 11 d.

Le fin vaut————————— 19 l. 7 ſ. 8 d. $\frac{12}{23}$.
Braſſage————————— 16 ſ. 3 d. $\frac{11}{23}$ d.

Dont peut eſtre fait pieces de 20 ſ. dans les remedes des poids & loy precedans à la taille de 20 pieces ⅓ de piece, la piece du poids de 9 d. 13 g. le fin de laquelle vaut 19 ſ. 2 d.

Quatre deſquelles pieces valent 3 l. 16 ſ. 8 d. autant que l'eſpece d'or qui le change ſans aucune diſparité, ny ſubjet de triage, ou ſur-hauſſement de l'vne & de l'autre.

De ces eſpeces en peuuent eſtre faites des demis doubles & quatruples, meſme des eſ-peces d'argent de 10 ſ. de 5 ſ. & de 2 ſ. 6 d. ma-niables, maleables & vſuelles.

De ce tiltre loy & remedes peuuent eſtre faites pieces de 12 ſ. à la taille de 33 pieces ⅓, la piece du poids de 5 d. 16 g. ⅓, dont le fin vaut 11 ſ. 6 d. $\frac{4}{23}$ d. & eſtant ceſte eſpece de mon-noye eſtéduë d'vn poulce, vne ligne ne peut eſtre moulée, ny jettée en ſable par le faulx

monnoyeur,& s'en peuuent faire de 6 ſ. de
3 ſ. & de 18 deniers maleables, maniables &
vſuelles.

Autre pied nouueau hors la proportion douZieſ-
me de monnoye d'or de loy à 22 Karas, ſans
que l'eſpece vaille plus ny moins que ſon chan-
ge en argent, ſelon le prix donné à ces deux
metaux par l'ordonnance de 1614.

Le marc d'or vaut —————— 255 l. 2 ſ. 7 d. ½.
Braſſage ————————— 10 l. 17 ſ. 4 d. ½

DOnt peut eſtre fait Ludouiques dans
les remedes des poids & loy ſuſdits à la
taille de 66 pieces ½, la piece du poids de 2 d.
21 g. treſbuchant, qui aura cours pour 4 l. le
fin de laquelle vaut —————— 76 ſ. 8 d. $\frac{11}{133}$ d.

Taille d'autre pied de monnoye de pareille loy & remedes, la piece du poids de 3 d.
14 g. ½ treſbuchant, qui aura cours pour 5 l.
piece, & y entrera au marc 53 pieces ½ de piece, le fin de laquelle vaut ———— 4 l. 15 ſ. 10 d.

Deſquelles eſpeces pourront eſtre faites
ſimples, doubles & quatruples, & ſera meilleure monnoye que la piſtole, & s'en pourra
faire de 3 l. 6 l. & 12 l. meſme des pieces de 30 ſ.

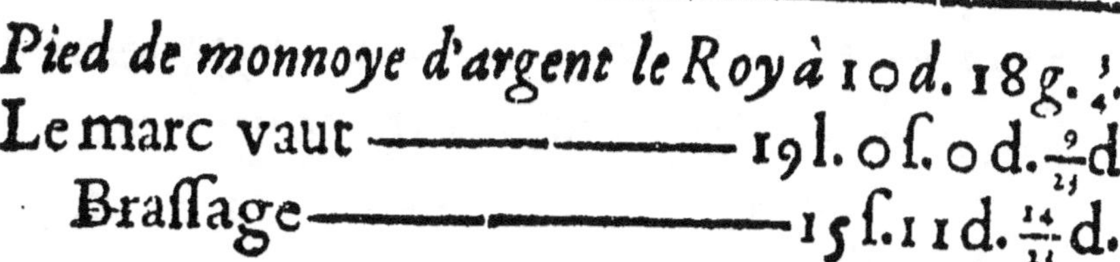

Pied de monnoye d'argent le Roy à 10 d. 18 g. ¼.
Le marc vaut ——————— 19 l. 0 ſ. 0 d. $\frac{9}{21}$ d
Braſſage ——————————— 15 ſ. 11 d. $\frac{14}{21}$ d.

DOnt ſeront faites pieces de 20 ſ. au remede de 2 gr. fin pour marc à la taille de 19 pieces ¼, la piece du poids de 9 d. 16 g. le fin de laquelle vaut ——————— 19 ſ. 2 d.

-Deſquelles 5 pieces de 20 ſ. le fin vaut 4 l. 15 ſ. 10 d. & le fin de la piece de 5 l. ne vaut que ſon change, qui empeſchera le ſurhauſſemét & le tranſport, & qui conſiderera ceſte taille & alleage des monnoyes d'or & d'argent, & l'employ entier du marc, & les conferera à l'introductió des eſpeces d'or & d'argent fabriquées en l'an 1569. & 1577. recognoiſtra la cauſe de tant de deſordres des monnoyes, & perte des richeſſes annuelles du Royaume eſtre prouenuë de n'auoir eſté les monnoyes introduites en ce temps, bien taillées, ny aloyées, pour lequel deffaut le dommage & perte continuera iuſques à ce qu'il y ſoit pourueu.

Autre eſpece de monnoye d'argent des

loy,fin & remedes à la taille de 33 pieces du poids de 5 d. 19 gr. ½,qui aura cours pour 12 ſ. le fin de laquelle vaut ————— - 11 ſ. 6 d. $\frac{4}{23}$ d.

Six pieces, de ceſte eſpece de monnoye d'argent,valent la piece d'or ſuſdite,& cinq font le nombre de 60 ſ. ou de 3 l. & ceſte eſpece faite au moulin,ou au marteau,tenuë de la grandeur de 13 lignes,ne peut eſtre jettée en ſable,& s'en peut faire de 6 ſ. de 3 ſ. & de 18 d. du poids de 17 gr. maniables,maleables & vſuelles.

Et chacune de ſes eſpeces d'or & d'argét, portant l'effigie du Roy, ne peuuent eſtre que tres-difficilement falcifiées ou contrefaites.

F I N.